EINFACH

indisch!

DER ENTSPANNTE WEG ZUM
PERFEKTEN CURRY

EINFACH

indisch!

DER ENTSPANNTE WEG ZUM PERFEKTEN CURRY

AMANDIP UPPAL

FOTOGRAFIEN VON LISA LINDER

AUS DEM ENGLISCHEN VON LINDE WIESNER

KNESEBECK

Inhalt

Einführung

In diesem Buch geht es darum, die indische Küche auf unverkrampfte Art zu entdecken, in erfahrenen Köchen den Erfindungsgeist wachzurütteln und allen anderen Selbstvertrauen zu schenken. Dies ist ein Buch, das Sie immer wieder zur Hand nehmen werden, das Vertrautheit und Gemütlichkeit vermittelt und das Sie jeden Tag verwenden können, egal zu welchem Anlass.

All das verkünstelte Drumherum, das man oft mit der indischen Küche assoziiert, wird ausgeblendet, um einer neuen, gelassenen Art des Kochens mit indischen Gewürzen und Produkten den Weg frei zu machen. In diesem Buch finden Sie traditionelle Lieblingsgerichte sowie Klassiker aus dem Norden und dem Süden Indiens, von denen einige für vielbeschäftigte, moderne Köche »eingedampft« und vereinfacht wurden. Die Rezepte bleiben zwar ihren Wurzeln und ihrem Charakter treu, sind aber an heutige Bedürfnisse angepasst: So viel wie möglich wird vorbereitet, der Einkauf auf das Nötigste reduziert.

Einfach indisch! bringt die indische Küche auf den neuesten Stand und bietet Ihnen die Grundlagen und Inspirationen, mit denen Sie Ihren eigenen Weg beschreiten und Neues ausprobieren können. Rezepte wie das Zitronen-Safran-Hühnchen, der gebackene Lachs mit Kokosrahm oder die heiße Schokolade mit Chili wärmen die Seele, schüren die Liebe zum Essen und sorgen dafür, dass man Gewürze schätzen lernt, von denen man zuvor noch nie gehört hatte. Diese Gerichte sollten gemeinsam zelebriert und genossen werden.

Schnelle, unkomplizierte Gerichte in einfachen Arbeitsschritten und mit hilfreichen Tipps lassen Sie in die indische Küche eintauchen, wann immer Ihnen der Sinn danach steht. Alles dreht sich ums entspannte, gut organisierte und einfache Kochen und darum, Sie auf dem Weg zu begleiten, bis Sie sich schließlich selbstbewusst und inspiriert genug fühlen, um die neu entdeckten Gewürze auch auf andere als die angegebene Weise einzusetzen.

Die Begeisterung und Wertschätzung für gutes Essen bilden den roten Faden, der alle Regionen Indiens verbindet und für das Familienleben, die Kultur und den Genuss im ganzen Land charakteristisch ist.

Einfach indisch! lädt Sie dazu ein, an diesem Erlebnis teilzuhaben.

Indische Prominenz

INDIEN IST FÜR VIELE SPANNENDE EIGENHEITEN BERÜHMT: DIE MENSCHEN, DIE SPIRITUALITÄT UND NATÜRLICH BOLLYWOOD … ABER DEN EIGENTLICHEN HERZSCHLAG INDIENS BILDET DAS ESSEN.

DALAI LAMA
Seine Heiligkeit, der 14. Dalai Lama
Himachal Pradesh
Berühmte Gerichte: Dham, Patande

MAHATMA GANDHI
»Vater der Nation«
Gujarat
Berühmte Gerichte: Dhokla mit Koriander-Erdnuss-Chutney, Shrikhand

DEEPAK CHOPRA
New-Age-Guru und Verfechter alternativer Medizin
Delhi
Berühmte Gerichte: Butterhühnchen, Kulfi

FREDDIE MERCURY
Schillernder, exzentrischer Rockstar
Maharashtra
Berühmte Gerichte: Pav Bhaji, Poha-Reisflocken

RAVI SHANKAR
Weltberühmter klassischer Sitarspieler und Komponist
Uttar Pradesh
Berühmte Gerichte: Peda, Bharwan-Hühnchen

ENGELBERT HUMPERDINCK
Englischer Popsänger und Frauenschwarm
Tamil Nadu
Berühmte Gerichte: Idli Sambar, Masala Dosa

GEORGE ORWELL
Politischer Schriftsteller, Journalist und Romanautor
Bengal
Berühmte Gerichte: Ilish Paturi, Ras Malai

MIRA NAIR
Renommierte Filmregisseurin/Drehbuchautorin/Produzentin
Orissa
Berühmte Gerichte: Krabben-Kalia, gefüllte Okraschoten

FREIDA PINTO
Schauspielerin (»Slumdog Millionär«, »Planet der Affen: Prevolution«)
Goa
Berühmte Gerichte: Garnelencurry, scharfe Würstchen

ANUPAM KHER
Hauptsächlich Bollywood-Schauspieler, hat in mehreren Hundert Filmen mitgewirkt
Kaschmir
Berühmte Gerichte: Dum Aloo, Joghurt-Lamm-Curry

AISHWARYA RAI-BACHCHAN
»Miss World« 1994, Model und Schauspielerin
Karnataka
Berühmte Gerichte: Rote-Bete-Curry, Limonenreis

OM PURI
Schauspieler, wirkt in indischen und britischen Mainstream-Filmen mit
Pandschab
Berühmte Gerichte: Dal Makhani, Hühnchen- und Panir-Tikka

TAXI
KINGFISHER
KASHMIR
Dum Aloo
HIMACHAL PRADESH
Patande
PUNJAB
Dhal Makhani
GUJARAT
Koriander-Erdnuss-Chutney
DELHI
Kulfi
BENGAL
Ilish Paturi
MAHARASHTRA
Pav Bhaji
UTTAR PRADESH
Peda
ORISSA
Gefüllte Okraschoten
KARNATAKA
Limonenreis
TAMIL NADU
Idli Sambar
GOA
Scharfe Würstchen

Im Vorratsschrank

GANZE GEWÜRZE

Jedes der intensiven, aromatischen Gewürze kann für sich allein stehen oder sich mit anderen zu einzigartigen Masala-Mischungen zusammenfügen.

AJOWAN (KÖNIGSKÜMMEL)

Die getrockneten Früchte der Ajowanpflanze haben einen ganz eigenen scharf-bitteren Geschmack. Königskümmel eignet sich bestens zum Würzen von eingelegtem oder gekochtem Gemüse und Broten.

BOCKSHORNKLEE-BLÄTTER

Getrocknete Bockshornkleeblätter, in der indischen Küche als *kasuri methi* geläufig, geben Currys einen kräftigen, unverwechselbaren Geschmack. Um die Aromastoffe bestmöglich zu entfalten, werden die Blätter zwischen den Fingern zerrieben und dem Gericht hinzugefügt.

BOCKSHORNKLEE-SAMEN

Die kleinen, harten Körner haben einen scharfen, an verbrannten Zucker erinnernden Geschmack und sollten daher zurückhaltend verwendet werden.

FENCHELSAMEN

Der anisähnliche Geschmack des Fenchels sorgt für ein warmes, süßliches Aroma.

GEWÜRZNELKEN

Im Ganzen oder gemahlen verleihen Nelken Gerichten einen kräftig süßen und zugleich pfeffrigen Geschmack.

KARDAMOM, GRÜN

Unter den beliebtesten Gewürzen der Welt rangiert der grüne Kardamom direkt hinter dem schwarzem Pfeffer auf Platz zwei. Er passt sowohl zu Milchdesserts als auch zu pikanten Currys.

KARDAMOM, SCHWARZ

Schwarzer Kardamom unterscheidet sich in Duft und Geschmack deutlich vom grünen Kardamom. Er hat ein herb-rauchiges, kühles Aroma.

KORIANDERSAMEN

Die kleinen gelben, süßlichen Kügelchen können gemahlen, geröstet, zerstoßen oder im Ganzen verwendet werden. Sie passen ideal zu eingelegtem Gemüse und geben gemahlen Currypasten eine süß-würzige Note.

KREUZKÜMMEL

Dieses Gewürz wird häufig im Ganzen in heißem Öl gebraten, kann aber auch gemahlen werden. Einen rauchigen, erdigen Geschmack erzielt man, wenn man die getrockneten Früchte vor dem Mahlen röstet.

KÜMMEL

Dieses vielseitige Gewürz setzt ein sehr intensives scharfes und nussiges Aroma frei. Brot, Fleisch und Fisch verleiht es besonderen Charakter.

LORBEERBLÄTTER

Sie werden häufig in Reis- und Fleischgerichte gegeben, aber auch in Dals und Gemüsegerichten schmecken sie wunderbar.

MOHNSAMEN, WEISS

Sie sorgen in Gerichten für das gewisse Etwas. Die Samen können geröstet und gemahlen oder aber in heißem Wasser eingeweicht und zu einer dicken Paste verarbeitet werden.

MUSKATNUSS UND MACIS (MUSKATBLÜTE)

Diese beiden von der gleichen Pflanze stammenden Gewürze schmecken sehr ähnlich und werden in Currys und Desserts verwendet.

PFEFFER, SCHWARZ

Das perfekte Gewürz für alle Arten regionaler Küche – im Ganzen oder zerstoßen peppt schwarzer Pfeffer Fleisch-, Gemüse-, Linsen- und Reisgerichte auf.

SCHWARZKÜMMEL

Schwarzkümmel wird im Ganzen zum Würzen von eingelegtem Gemüse, Currys, Broten und Salaten verwendet. Die Samen lassen sich einfach selbst rösten und mahlen.

SENFSAMEN

Senfsamen gibt es in drei Farben: Gelb, Braun und Schwarz. In der indischen Küche kommen die schwarzen am häufigsten zum Einsatz, und zwar in Dals, eingelegtem Gemüse, Salatdressings und Chutneys – so gut wie nie in Fleischgerichten.

ZIMT

Kassiazimt wird aus der Rinde der Zimtkassie gewonnen, echter Zimt aus der des Echten oder Ceylon-Zimtbaums. Beide Varianten verleihen einen würzigen, süßen Geschmack. Gemahlener Zimt sorgt für zusätzlichen Geschmack und eine intensivere Färbung.

PANCH PHORON

Mit dieser bengalischen Fünf-Gewürze-Mischung wird das Bratöl aromatisiert. Sie verleiht vielen Gerichten eine wunderbare Note. Es gibt fertige Mischungen zu kaufen, sie lässt sich aber auch leicht selbst herstellen: Dazu Bockshornkleesamen *(methi dana)*, Kreuzkümmel *(jeera)*, Anissamen *(saunf)*, schwarze Senfsamen *(rai)* und Zwiebelsamen *(kalonji)* zu gleichen Teilen vermischen. Die Mischung in einem luftdicht verschlossenen Behälter lagern und nach Bedarf entnehmen.

GEMAHLENE GEWÜRZE

Gemahlene Gewürze sollten am besten nur in kleinen Mengen gekauft und in Gefäßen mit Schraubverschluss gelagert werden.

CHILIPULVER UND -FLOCKEN

Chili ist eine wichtige Würzzutat, weil es einem Gericht diese kräftige Kombination aus Wärme, Duft und Geschmack verleiht. Pulver und Flocken sind ähnlich scharf, aber Letztere sehen obendrein schön aus, während das Pulver am besten schon während des Kochvorgangs hinzugefügt wird, weil es auch Farbe freisetzt. Für ein besonders tiefes Rot sorgt Kaschmir-Chilipulver. Wenn Ihnen gemahlene oder frische Chilischoten zu scharf sind, können Sie stattdessen auch Cayennepfeffer oder frisch gemahlenen schwarzen Pfeffer verwenden.

KURKUMA

Kurkuma sorgt nicht nur für Geschmack und eine schöne Farbe, sondern ist auch ein starkes Antioxidans und deshalb gut für die Verdauung und die Gesundheit ganz allgemein.

GARAM MASALA

Jede Region, wenn nicht sogar jeder Haushalt in Indien hat eine eigene Version von Garam Masala. Die Mischung aus bis zu sieben Gewürzen, die miteinander vermahlen werden, gibt den meisten Currys die typische aromatische Schärfe. Fertig gekauftes Pulver tut es zwar auch, aber die Herstellung ist ganz einfach (siehe S. 242).

TANDOORI MASALA

Diese Mischung aus gemahlenen Gewürzen wird speziell für Tanduris und im Tandur gegarte Fleisch- und Gemüsegerichte verwendet, etwa für Tikka, Butterhühnchen oder Panir.

KIDNEYBOHNEN
WEISSER REIS
KOKOSÖL
KICHERERBSEN
SENFÖL
GHEE

ÖLE UND BUTTER

ERDNUSSÖL

Das hervorragende Allzwecköl ist leicht und in den meisten asiatischen Küchen extrem beliebt.

KOKOSÖL

Kokosöl hat einen hohen Rauchpunkt und gilt als »Superfood« mit erstaunlich positiver Wirkung auf die Gesundheit. Außerdem schmeckt es einfach lecker. Am besten ist natives Bio-Kokosöl.

SENFÖL

Dieses Öl eignet sich besonders zum Braten von Fisch und als Basis für eingelegtes Gemüse. Wegen seines hohen Rauchpunkts ist es perfekt fürs Frittieren.
Tipp: Senföl sollte zunächst bis knapp an den Rauchpunkt erhitzt werden und dann vor der Verwendung etwas abkühlen.

GHEE

Die indische Version geklärter Butter hat einen hohen Rauchpunkt und schmeckt in allen möglichen Gerichten einfach göttlich (siehe S. 234). Wenn Ihnen Ghee zum Kochen zu gehaltvoll ist, geben Sie Gerichten einfach mit ein paar Tropfen dieser gelben, nussigen Flüssigbutter ein köstliches Finish.

EXTRAKTE UND AROMEN

CHAT MASALA

Dies ist ein schwungvolles, pikantes und leicht scharfes Masala, das hauptsächlich zur Garnierung von Salaten, Snacks, Getränken und manchmal Currys verwendet wird.

GRANATAPFELPULVER (ANARDANA)

Dieses Pulver schmeckt säuerlich und scharf und kommt vor allem bei knusprig Frittiertem, gebackenen Snacks, Chutneys, Joghurtzubereitungen und gelegentlich bei Currys zum Einsatz.

KEWRAWASSER

Diese Würzflüssigkeit wird aus dem Extrakt der Pandanusblüte hergestellt und ähnlich dem Rosenwasser vor allem zum Aromatisieren von Fleisch- und Reisgerichten sowie für Getränke und Desserts verwendet.

KOKOSMILCH

Führt zu ähnlichen Ergebnissen wie Kokosmilchpulver, nur etwas flüssiger. Daher eignet sich Kokosmilch hervorragend zur Zubereitung von Brühen, Marinaden und saucenlastigen Currys.

KOKOSMILCHPULVER

Der perfekte Allrounder verleiht Currys, Suppen, Dressings, Marinaden und Kuchen geschmeidige Sämigkeit. Das Pulver muss zuvor mit etwas warmer Milch zu einer Paste verrührt werden, nur beim Backen entfällt dieser Schritt.

MANGOPULVER (AMCHUR)

Dieses säuerliche Pulver wird aus getrockneten grünen Mangos gewonnen und gibt hauptsächlich Gemüse- und Bohnengerichten eine fruchtige, säuerliche Note. Falls Sie kein Mangopulver finden, können Sie es durch Zitronen- oder Limettensaft ersetzen.

ROSENWASSER

Das mit Rosenblütenextrakt aromatisierte Wasser ist köstlich in Desserts, Getränken und pikanten Reisgerichten.

SAFRAN

Safran ist ein kostspieliges, feines Gewürz mit exquisitem Geschmack und schöner Farbe. Weichen Sie die Fäden vor der Verwendung in süßen oder herzhaften Gerichten und Getränken in warmer Milch, Wasser oder Brühe ein.

SCHWARZSALZ

Schwarzsalz, indisch *kala namak*, hat eine zartrosa Färbung und gibt Salaten, Obstsalaten und Currys einen charakteristischen Geschmack.

TROCKEN-PRODUKTE

GETROCKNETE MINZE

Gibt Marinaden, Dressings, Würzmischungen und Füllungen ein intensives Minzaroma.

PUFFREIS

Wird meist zum Frühstück gegessen oder zur Zubereitung von Snacks und beliebten indischen Streetfood-Gerichten verwendet.

SEV

Diese knusprigen, dünnen Nudeln aus Kichererbsenmehl schmecken großartig als Topping auf kleine Zwischengerichte und Snacks gestreut oder pur zum Knabbern zu Getränken.

HÜLSEN-FRÜCHTE

Bohnen, Linsen und andere Hülsenfrüchte geben jedem Gericht Substanz und sind außerdem ein großartiger Fleischersatz.
Tipp: Je länger die Hülsenfrüchte bei niedriger Temperatur unter regelmäßigem Umrühren garen, umso üppiger und sämiger wird ihre Konsistenz.

KICHERERBSEN

Kichererbsen haben schier endlose Einsatzmöglichkeiten, hauptsächlich werden sie aber für Salate, Gemüsecurrys, Reis- und Fleischgerichte verwendet.
Tipp: Getrocknete Kichererbsen muss man vor der Zubereitung über Nacht einweichen, vorgegarte Varianten sind aber in guter Qualität im gut sortierten Lebensmittelhandel erhältlich.

KIDNEYBOHNEN

Diese sämigen, buttrigen Bohnen lassen sich sehr gut mit anderen Hülsenfrüchten kombinieren und passen zu Gemüse- und Fleischgerichten.
Tipp: Getrocknete Kidneybohnen müssen vor der Zubereitung über Nacht eingeweicht werden, bereits vorgegarte Varianten sind in guter Qualität in Dosen erhältlich.

MASUR DAL

Diese wunderbaren, vielseitigen Linsen lassen sich sehr gut mit anderen schnell garenden Linsen mischen. Sie schmecken allein als einfaches Dal oder als Suppeneinlage.

MUNG DAL (GESCHÄLTE MUNGBOHNEN)

Die geschälten gelben Mungbohnen sind sehr schnell gar und auch als frittiertes Dal köstlich.

PUY-LINSEN

Puy-Linsen werden zwar nicht traditionell in der indischen Küche verwendet, aber ihr schöner Biss und Geschmack passen hervorragend zu vielen typisch indischen Würzzutaten. Besonders gut schmecken sie in Brühe und mit ganzen Gewürzen gekocht, in Salaten und Gemüsecurrys oder mit knusprigen Zwiebeln über Reis gestreut.

TOOR DAL

Die gelben Toor-Linsen haben einen unverkennbaren, leicht nussigen Geschmack. Sie sind köstlich in Suppen oder ergänzen Mung und Masur Dal in Linsengerichten um interessante Aroma- und Texturfacetten.

URAD DAL (URDBOHNEN)

Diese sehr ursprünglichen Hülsenfrüchte haben einen unverwechselbaren, erdigen Geschmack. Traditionell werden damit Currys zubereitet, man kann sie aber auch als Mehl oder Paste zu Papadams und Dosas verarbeiten.
Tipp: Getrocknete Urdbohnen müssen vor der Zubereitung über Nacht eingeweicht werden, aber im Asialaden erhält man auch hochwertige vorgekochte Varianten in Dosen oder Päckchen.

IM TIEFKÜHL-FACH

CURRYBLÄTTER

Kaufen Sie ein großes Bund frische Blätter und frieren Sie die nicht sofort benötigten ein. Curryblätter ähneln Lorbeerblättern, sind aber kleiner und sorgen für einen unverwechselbaren Geschmack und Duft. Verwendet werden sie bei der Zubereitung von Reis, Currys, Chutneys, Salaten und eingelegtem Gemüse. Alternativ kann man Lorbeerblätter nehmen.

GERIEBENE FRISCHE KOKOSNUSS

Kaufen Sie mehrere frische Kokosnüsse, schaben Sie das Fleisch heraus und frieren es portionsweise in Gefrierbeuteln ein.

TAMARINDENMARK

Im Asialaden gibt es zwar auch fertiges Tamarindenmark zu kaufen, aber die Herstellung zu Hause ist ganz einfach und das Ergebnis geschmacklich viel intensiver (siehe S. 228). Es hält sich im Kühlschrank gut, lässt sich aber auch wunderbar einfrieren.

GHEE
CURRYBLÄTTER
MUNG DAL
KICHERERBSENMEHL
TAMARINDENMARK

15 unverzichtbare Gewürze

DIESE 15 ESSENZIELLEN UND AM HÄUFIGSTEN VERWENDETEN GEWÜRZE BILDEN DEN GRUNDSTOCK IHRES EIGENEN GEWÜRZREGALS. DA SIE EIGENTLICH STÄNDIG ZUM EINSATZ KOMMEN, LOHNT SICH DIE ANSCHAFFUNG. ALT WERDEN SIE GARANTIERT NICHT!

1

KURKUMA

Ayurvedischer Jamu-Stärkungstrank, S. 214

Rindfleisch-Kartoffel-Curry, S. 110

Gebratener Blumenkohl mit Erbsen, S. 68

Klassisches Lammfleischcurry, S. 100

Gebratener Reis mit Krabben, S. 148

Gebratene Auberginen aus Südindien, S. 184

Tarka Dal mit Spinat und frischen Tomaten, S. 60

2

ROTE CHILIFLOCKEN/ ROTES CHILIPULVER ODER CAYENNEPFEFFER

Gegrillte Auberginen mit Chili-Granatapfel-Dressing, S. 86

Sprossensalat mit Knoblauch und Ingwer, S. 168

Grünkohlsalat mit Kichererbsen, Minze und eingelegter Zitrone, S. 162

Parathas mit Ajowan-Fenchel-Chili-Butter, S. 120

Gefüllte Okras, S. 80

3

GARAM MASALA

Hühnchen-Pulao, S. 152

Klassisches Lammfleischcurry, S. 100

Gebratener Reis mit Krabben, S. 148

Kidneybohnen und Kartoffeln, S. 78

Lammfleisch-Kofta und Safranrahm, S. 106

Lammfleisch-Biryani, S. 154

Muscheln in scharfer Ingwer-Kokos-Sauce, S. 96

4

KREUZKÜMMEL

Ayurvedischer Entgiftungstee, S. 220

Grünkohlsalat mit Kichererbsen, Minze und eingelegter Zitrone, S. 162

Khichdi, S. 136

Kidneybohnen und Kartoffeln, S. 78

Lammfleisch-Biryani, S. 154

Zitrusreis mit Kichererbsen, S. 146

Gebratene Auberginen aus Südindien, S. 184

Tarka Dal mit Spinat und frischen Tomaten, S. 60

5

GEMAHLENER KREUZKÜMMEL

Sprossensalat mit Knoblauch und Ingwer, S. 168

Klassisches Lammfleischcurry, S. 100

Zitronen-Safran-Hühnchen, S. 102

Masala-Lammbraten, S. 94

Tintenfisch mit Schalotten, Ingwer und Chili, S. 92

Gefüllte Okras, S. 80

6

KORIANDERSAMEN

Ayurvedischer Entgiftungstee, S. 220

Würzige Tomatenpaste, S. 237

Gebratener Blumenkohl mit Erbsen, S. 68

Teigtaschen mit Lammfleisch-Aprikosen-Füllung, S. 32

Samosas mit Kartoffel-Erbsen-Füllung, S. 50

7
GEMAHLENER KORIANDER

Sprossensalat mit Knoblauch und Ingwer, S. 168

Hühnchen-Korma, S. 98

Klassisches Lammfleischcurry, S. 100

Würzig panierte Lammkoteletts, S. 30

Masala-Lammbraten, S. 94

Kartoffel-Erbsen-Küchlein, S. 156

8
SCHWARZE SENFSAMEN

Rote-Bete-Curry, S. 76

Garnelen mit Knoblauch, Ingwer und Chili, S. 38

Zitrusreis mit Kichererbsen, S. 146

Mumbai Aloo, S. 156

Gebratene Auberginen aus Südindien, S. 184

9
KASSIARINDE ODER ZIMTSTANGEN

Ayurvedischer Entgiftungstee, S. 220

Rindfleisch-Kartoffel-Curry, S. 110

Chana Masala, S. 58

Hühnchen-Pulao, S. 152

Fisch-Kedgeree mit grünen Bohnen und Spinat, S. 22

Lammfleisch-Biryani, S. 154

10
LORBEER-BLÄTTER

Rindfleisch-Kartoffel-Curry, S. 110

Hühnchen-Korma, S. 98

Hühnchen-Pulao, S. 152

Lammfleisch-Biryani, S. 154

Zitronen-Safran-Hühnchen, S. 102

11
GRÜNER KARDAMOM

Gewürzkaffee, S. 218

Hühnchen-Korma, S. 98

Hühnchen-Pulao, S. 152

Kokosreis, S. 138

Lammfleisch-Biryani, S. 154

Masala Chai, S. 212

Orangen-Karotten-Bällchen mit Schokolade, S. 204

12
SAFRAN

Lammfleisch-Biryani, S. 154

Lammfleisch-Kofta und Safranrahm, S. 106

Zitronen-Safran-Hühnchen, S. 102

Pistazien-Kulfi, S. 200

Reis mit Safran und Cashew-kernen, S. 150

13
KOKOSMILCH-PULVER

Gebackener Lachs mit Kokosrahm, S. 104

Butterhühnchen, S. 114

Sahnige Erbsen-Pilz-Pfanne, S. 64

Frische Tomaten mit Curryblättern, S. 88

Muscheln in scharfer Ingwer-Kokos-Sauce, S. 96

Würzige Kokos-Rahm-Marinade, S. 246

14
CURRYBLÄTTER

Rote-Bete-Curry, S. 76

Kokosreis, S. 138

Fischfilet in Tamarindensauce, S. 108

Poha mit Erdnüssen, S. 24

Frische Tomaten mit Curryblättern, S. 88

Muscheln in scharfer Ingwer-Kokos-Sauce, S. 96

Gebratene Schalotten mit Tamarinde und gerösteter Kokosnuss, S. 62

15
TAMARINDEN-MARK

Gebratener Reis mit Krabben, S. 148

Fischfilet in Tamarindensauce, S. 108

Tomatenrelish mit Datteln und Tamarinde, S. 176

Gebratene Schalotten mit Tamarinde und gerösteter Kokosnuss, S. 62

Fruchtchutney, S. 186

Tamarindenreis, S. 144

Kleine Happen

KAPITEL 1

Fisch-Kedgeree mit grünen Bohnen und Spinat

DIES IST EINE KÖSTLICHE, REICHHALTIGE VERSION DES TRADITIONELLEN KEDGEREE-REZEPTS. WENN SIE KEINEN FISCH MÖGEN, LASSEN SIE IHN EINFACH WEG UND GENIESSEN SIE DAS GERICHT ALS VEGETARISCHE VARIANTE MIT ETWAS GERÄUCHERTEM PAPRIKAPULVER BESTREUT.

FÜR 2 PORTIONEN | VORBEREITUNGSZEIT: 20 MINUTEN | GARZEIT: 15 MINUTEN

ZUTATEN

500 g geräucherter Schellfisch
1 EL Butter oder Öl
¼ Stange Lauch oder ¼ Zwiebel, fein gehackt
2 Knoblauchzehen, sehr fein gehackt
100 g grüne Bohnen, halbiert
50–70 ml Gemüse- oder Fischbrühe
20–25 ml süße Sahne
200 g Blattspinat ohne Stiele, grob gehackt
Salz
abgeriebene Schale von 1 unbehandelten Zitrone
250 g einfacher Reis ohne alles (siehe S. 134)
3 mittelhart gekochte Eier, geviertelt

GEWÜRZE

1 Stück (2,5 cm) Kassiarinde oder Zimtstange
2 Lorbeerblätter
1 TL Fenchelsamen
¼ TL gemahlene Kurkuma
¼ TL rote Chiliflocken

1. In einem großen, flachen Topf 300 ml Wasser zum Kochen bringen. Den Fisch hineingeben und etwa 4 Minuten köcheln lassen, bis er gerade eben durch ist. Auf einem Teller abkühlen lassen, bis man ihn anfassen kann.

2. In einer großen Pfanne bei mittlerer Temperatur die Butter oder das Öl erhitzen. Kassiarinde oder Zimt, die Lorbeerblätter, Lauch oder Zwiebel, den Knoblauch und die Fenchelsamen dazugeben und alles leicht anbräunen. Die Temperatur etwas reduzieren. Die Kurkuma, die Chiliflocken und die grünen Bohnen hinzufügen und alles weitere 20 Sekunden braten.

3. Die Temperatur etwas erhöhen und die Brühe angießen. Alles 4–5 Minuten sanft köcheln lassen, bis die Bohnen bissfest gegart sind und die Brühe eingekocht ist. Die Sahne einrühren und alles weitere 1–2 Minuten sanft erhitzen. Dann den Spinat und etwas Salz dazugeben. Den Herd abschalten. Den Fisch zerkleinern und zusammen mit der Zitronenschale in die Pfanne geben. Den gekochten Reis untermischen. Mit den Eiervierteln garnieren.

Poha mit Erdnüssen

DIESES GERICHT IST LEICHT, ABER SÄTTIGEND UND IN INDIEN BESONDERS BELIEBT ZUM BRUNCH, KOMBINIERT MIT EINER AUSWAHL AN CHUTNEYS UND EINGELEGTEM GEMÜSE. ES KANN ABER NATÜRLICH AUCH FÜR SICH ODER ALS BEILAGE ZU GEGRILLTEM FISCH ODER FLEISCH VERZEHRT WERDEN.

FÜR 3–4 PORTIONEN | VORBEREITUNGSZEIT: 45 MINUTEN | GARZEIT: 15 MINUTEN

ZUTATEN

140 g Poha (Reisflocken, aus dem Asialaden)
3 EL Öl
10–12 frische Curryblätter
1 TL Salz
½ Zwiebel, fein gehackt
2 mittelgroße Kartoffeln, in der Schale gegart, abgekühlt und in Würfel geschnitten
1 frische grüne Chilischote, in feine Ringe geschnitten (nach Belieben)
½ TL Zucker
3 EL fein gehacktes frisches Koriandergrün
2 EL geröstete Erdnüsse, grob gehackt
1 unbehandelte Zitrone, in Spalten geschnitten

GEWÜRZE

1 großzügige Prise Asant
½ TL Senfsamen
½ TL Kreuzkümmel
1 getrocknete Chilischote
¼ TL gemahlene Kurkuma

1. In einem Sieb die Reisflocken unter fließend kaltem Wasser behutsam, aber gründlich spülen. In eine Schüssel geben, großzügig mit Wasser bedecken und etwa 5 Minuten einweichen lassen. Anschließend in ein Sieb abgießen und abtropfen lassen.

2. In einer großen, beschichteten Pfanne das Öl bei mittlerer Temperatur 2 Minuten erhitzen. Dann den Asant hineingeben, die Temperatur etwas reduzieren und das Gewürz 2 Minuten unter Rühren anrösten. Die Senfsamen, den Kreuzkümmel und die getrocknete Chilischote dazugeben und alles 1 Minute braten.

3. Nun die Curryblätter, die Kurkuma und das Salz untermischen. Die Zwiebel dazugeben und 2–3 Minuten goldbraun schwitzen. Die Kartoffeln und nach Belieben die Chiliringe einrühren und alles weitere 2 Minuten zart anbräunen.

4. Den Zucker unterrühren und die Temperatur auf niedrig reduzieren. Behutsam die Reisflocken untermischen und alles 3–4 Minuten in der Pfanne schwenken. Den Herd ausschalten. Das Koriandergrün und die Erdnüsse unterheben und die Zitronenspalten über der Mischung auspressen. Heiß oder lauwarm servieren.

Kichererbsenpfann-kuchen mit Karotten

DIESE SCHNELL GEMACHTEN, WEIZENFREIEN PFANNKUCHEN SIND PERFEKT FÜR JEDE TAGESZEIT UND SCHMECKEN WARM EBENSO GUT WIE KALT. GEFÜLLT MIT MUMBAI ALOO (SIEHE S. 156) UND MIT ETWAS KNOBLAUCH-CHILI-CHUTNEY (SIEHE S. 178) BETRÄUFELT, WIRD DARAUS EINE SÄTTIGENDE MAHLZEIT.

FÜR 2 PORTIONEN | VORBEREITUNGSZEIT: 30 MINUTEN | GARZEIT: CA. 4 MINUTEN

ZUTATEN

1 Stück frischer Ingwer (5 cm), geschält und fein gehackt
2 Frühlingszwiebeln, fein gehackt
1 Karotte, geraspelt
1 grüne Chilischote, nach Belieben von Samen befreit und fein gehackt, oder 1 großzügige Prise rote Chiliflocken
1 EL fein gehacktes frisches Koriandergrün
½ TL Salz
125 g feines Kichererbsenmehl
1–2 EL flüssiges Ghee oder Öl

GEWÜRZE

¼ TL Ajowan
¼ TL gemahlener Kreuzkümmel

1. Alle Zutaten außer dem Ghee oder Öl in einer großen Schüssel sorgfältig vermischen. Nach und nach 80–100 ml kaltes Wasser einarbeiten, bis ein weicher Teig entstanden ist.

2. Mithilfe eines Küchenpapiers eine beschichtete Crêpe- oder Bratpfanne sorgfältig mit dem Ghee oder Öl ausreiben. Die Pfanne bei mittlerer Temperatur erhitzen, dann eine Schöpfkelle Teig hineingeben und diesen durch Schwenken gleichmäßig in der Pfanne verteilen.

3. Den Pfannkuchen 35–40 Sekunden backen, dann mit dem Pfannenwender vorsichtig anheben. Sobald die Unterseite goldbraun gebraten ist, den Pfannkuchen wenden und von der anderen Seite ebenfalls 35–40 Sekunden backen. Den fertigen Pfannkuchen herausnehmen und nach Belieben warm stellen. Aus dem restlichen Teig weitere Pfannkuchen backen.

Paratha-Wraps mit Gemüse

Diese aus der Hand verzehrten Wraps eignen sich grossartig fürs Picknick und sind eine schöne Art, Kinder an exotische Gewürze heranzuführen – zu diesem Zweck sollten Sie aber vielleicht auf die Chili verzichten. Sehr gut passen ein paar Blätter Kopfsalat oder ein Löffel Mango-Apfel-Relish mit Koriander und Minze (siehe S. 174) dazu. Parathas sind leicht zu machen, falls Sie aber einmal wenig Zeit haben, tun es auch fertige Fladenbrote.

FÜR 6–8 PORTIONEN | VORBEREITUNGSZEIT: 25 MINUTEN | GARZEIT: 5 MINUTEN

ZUTATEN

170 g Kartoffeln, geschält und in Würfel geschnitten
230 g Karotten, in Würfel geschnitten
110 g Erbsen
2 EL Öl
1 grüne Chilischote, fein gehackt
1 Stück frischer Ingwer (2,5 cm), geschält und fein gerieben
Salz
1 EL fein gehacktes frisches Koriandergrün
1 TL flüssiges Ghee zum Beträufeln
4 flache, blättrige Parathas (siehe Tipp S. 120)

GEWÜRZE

1 TL Kreuzkümmel
2 TL Bockshornkleeblätter
½ TL gemahlene Kurkuma
1 TL Garam Masala

1. Die Kartoffel- und die Karottenwürfel in kochendem Wasser gerade eben weich garen. Die Erbsen hinzufügen und alles ein paar weitere Minuten köcheln lassen, dann das Wasser abgießen.

2. In einer Pfanne das Öl bei mittlerer Temperatur erhitzen. Den Kreuzkümmel hineingeben und 10 Sekunden anrösten. Die Kartoffeln, die Karotten und die Erbsen zusammen mit der Chilischote, dem Ingwer, den Bockshornkleeblättern und etwas Salz hinzufügen und alles 30 Sekunden unter Rühren anbraten. Die Kurkuma und das Garam Masala unterrühren und alles 1 weitere Minute braten, dann das Koriandergrün unterheben. Die Temperatur reduzieren und die Mischung zugedeckt 2–3 Minuten garen, bis das Gemüse ganz durch ist.

3. Den Herd ausschalten. Das Gemüse mit dem flüssigen Ghee beträufeln und mit einer Gabel leicht zerdrücken. Die Mischung etwas abkühlen lassen, dann auf die Parathas verteilen und diese zu Wraps zusammenrollen.

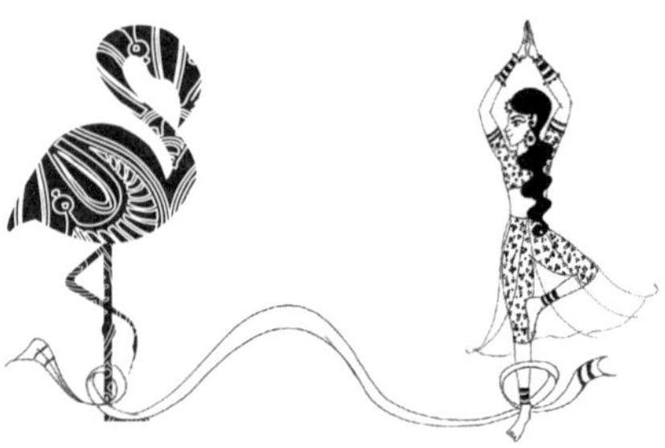

Würzig panierte Lammkoteletts

Diese rustikalen und zugleich vornehmen Lammkoteletts sind ein himmlischer Cocktailhappen oder eine ganz spezielle Vorspeise. Achten Sie darauf, dass das Fleisch nicht ganz durchbrät – es sollte unter dem knusprigen Brotkrumenmantel zart und rosafarben sein.

FÜR 4 PORTIONEN | VORBEREITUNGSZEIT: 30 MINUTEN
MARINIERZEIT: 1–8 STUNDEN | GARZEIT: CA. 6 MINUTEN

ZUTATEN

10 Stielkoteletts vom Lamm mit langem Knochen
1 Stück frischer Ingwer (1 cm), geschält und fein gerieben
2 Knoblauchzehen, sehr fein gehackt
2 grüne Chilischoten, fein gehackt
2 EL Öl, plus etwas zum Braten
100 g grobes Paniermehl aus trockenem Weißbrot
abgeriebene Schale von 2 unbehandelten Zitronen
2 EL fein gehacktes frisches Koriandergrün
½ TL Salz
2 Eier
30 g Mehl

GEWÜRZE

2 TL gemahlener Kreuzkümmel
2 TL gemahlene Koriandersamen
2 TL Garam Masala

1. Die Koteletts einzeln flach drücken, dann zusammen mit dem Ingwer, dem Knoblauch, der Chilischote, dem Kreuzkümmel und 2 EL Öl in eine flache Schale geben und die Würzzutaten mit den Händen gründlich ins Fleisch einmassieren. Die Schale mit Frischhaltefolie abdecken und das Fleisch mindestens 1 Stunde, am besten aber über Nacht, im Kühlschrank marinieren lassen.

2. Anschließend die Koteletts aus dem Kühlschrank nehmen und auf Zimmertemperatur warm werden lassen. Das Paniermehl in einer Schüssel mit der Zitronenschale, dem Koriandergrün, dem gemahlenen Koriander, dem Garam Masala und dem Salz vermischen.

3. In einer anderen Schüssel die Eier verquirlen. Das Mehl und das gewürzte Paniermehl jeweils auf einen Teller geben.

4. Nun jedes Lammkotelett zunächst im Mehl wenden und überschüssiges Mehl abklopfen. Dann die Koteletts in der Eimasse und anschließend in den gewürzten Bröseln wenden.

5. In einer großen Pfanne bei mittlerer Temperatur etwas Öl erhitzen und die Koteletts darin von jeder Seite 3 Minuten medium braten.

Teigtaschen mit Lammfleisch-Aprikosen-Füllung

Dieses kleine Gebäck steckt voller köstlicher süßer und pikanter Aromen. Damit das Ergebnis besonders authentisch ausfällt, lohnt es sich, den Teig selbst zu machen. Aber um die Vorbereitung abzukürzen, können Sie zum Frittieren auch fertigen Filoteig, zum Backen fertigen Mürbeteig verwenden.

FÜR CA. 20 STÜCK | VORBEREITUNGSZEIT: 45 MINUTEN | GARZEIT: 1 STUNDE

ZUTATEN

500 g Hackfleisch vom Lamm
½ kleine Zwiebel, fein gehackt
1 Knoblauchzehe, zerdrückt
1 Stück frischer Ingwer (1 cm), geschält und gerieben oder fein gehackt
1 frische grüne Chilischote, fein gehackt
30 g getrocknete Aprikosen, in feine Würfel geschnitten
½–1 TL Salz
2 EL fein gehacktes frisches Koriandergrün oder fein gehackte frische Minze
2 EL Mehl
1 Portion Butterteig (siehe S. 250)
1,5 l Öl

GEWÜRZE

1 Vier-Gewürze-Säckchen (siehe S. 248)
1½ TL Kreuzkümmel
1½ TL Koriandersamen
1½ TL Garam Masala

1. Das Hackfleisch, das Gewürzsäckchen, den Kreuzkümmel und die Koriandersamen in eine tiefe Pfanne mit schwerem Boden geben. So viel kaltes Wasser angießen, dass es den Pfanneninhalt 1 cm hoch bedeckt. Die Mischung aufkochen und bei mittlerer Temperatur etwa 40 Minuten köcheln lassen, dabei gelegentlich umrühren.

2. Die Zwiebel, den Knoblauch, den Ingwer, die Chilischote, die getrockneten Aprikosen, das Garam Masala und das Salz hinzufügen. Die Temperatur reduzieren und alles unter gelegentlichem Rühren weitere 15 Minuten köcheln lassen, bis die Flüssigkeit vollständig verdampft ist. Die Mischung auf Zimmertemperatur abkühlen lassen, das Gewürzsäckchen entfernen und das Koriandergrün oder die Minze einrühren.

3. Das Mehl mit 1 EL Wasser zu einer klebrigen Mischung glatt rühren.

4. Den Teig halbieren. Eine Hälfte dünn ausrollen und mit einem runden Ausstecher (10 cm ø) Kreise ausstechen. Mit der zweiten Teighälfte ebenso verfahren.

5. In die Mitte jedes Teigkreises je 1 EL Füllung geben, dann die Teigränder mit dem Finger mit dem Mehlkleber bestreichen.

6. Die Teigkreise über der Füllung in der Mitte zusammenklappen und die Ränder sorgfältig zusammendrücken.

7. In einer tiefen Pfanne das Öl bei mittlerer Temperatur erhitzen. Je vier Teigtaschen auf einmal darin 3–4 Minuten goldbraun frittieren. Anschließend auf Küchenpapier abtropfen lassen. Auf diese Weise alle Teigtaschen ausbacken. Warm oder kalt servieren.

TIPP: Durch zweimaliges Frittieren werden die Teigtaschen knuspriger.

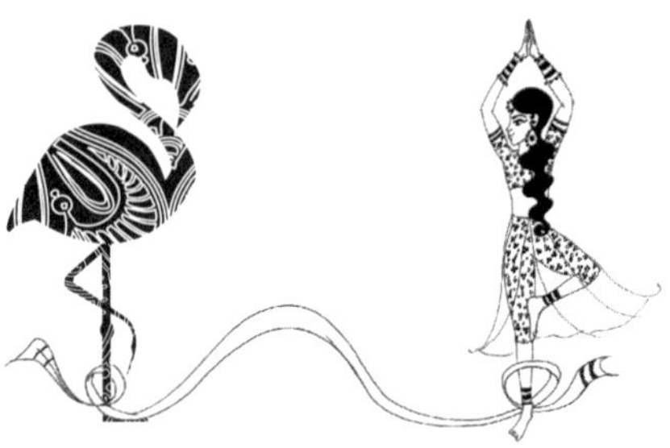

Fischnuggets

WENN SIE FISH & CHIPS EBENSO SEHR LIEBEN WIE SCHARFES ESSEN, IST DIESES REZEPT DIE PERFEKTE KOMBINATION FÜR SIE. DER TEIG IST EINE LEICHTE VARIANTE DES KLASSISCHEN PAKORATEIGS UND WIRD MIT MINERALWASSER UND EIERN HERGESTELLT. SERVIEREN SIE DIE NUGGETS MIT EINEM DIP AUS MAYONNAISE, EINEM SPRITZER LIMETTENSAFT UND EINER HANDVOLL GEHACKTEM FRISCHEM KORIANDERGRÜN ODER MIT DEM TOMATENRELISH MIT DATTELN UND TAMARINDE (SIEHE S. 176).

FÜR 2–4 PORTIONEN | VORBEREITUNGSZEIT: 35 MINUTEN
MARINIERZEIT: 10–15 MINUTEN | GARZEIT: 25 MINUTEN

ZUTATEN

500 g festes weißes Fischfilet, z. B. vom Schellfisch oder Kabeljau, in mittelgroße Streifen geschnitten
Salz
Saft von 1 Limette
2 Eier
150 ml eiskaltes Mineralwasser mit Kohlensäure
115 g Mehl
55 g Maisstärke
Öl zum Frittieren

GEWÜRZE

¼ TL Chilipulver
¼ TL Ajowan
½ TL gemahlener Kreuzkümmel
½ TL gemahlene Koriandersamen
1 TL Tandoori Masala

ZUM SERVIEREN

2 TL Chat Masala oder Meersalz (nach Belieben)
1 Frühlingszwiebel, in feine Ringe geschnitten
Saft von ½ Limette

1. Die Fischstücke nebeneinander in ein flaches, nichtmetallisches Gefäß legen. Mit ¼ TL Salz und dem Chilipulver bestreuen und mit dem Limettensaft beträufeln. Das Gefäß mit Frischhaltefolie abdecken und den Fisch 10–15 Minuten im Kühlschrank marinieren.

2. In einer großen Schüssel die Eier verquirlen. Das Mineralwasser dazugießen und alles rasch verschlagen. Das Mehl, die Maisstärke, den Ajowan, den Kreuzkümmel, den Koriander, das Tandoori Masala und nach Geschmack etwas Salz dazugeben. Alles behutsam mit einer Gabel zu einem groben, nicht ganz glatten Teig verrühren.

3. In einer großen Pfanne oder einem Wok reichlich Öl zum Frittieren erhitzen. Jeweils drei Fischstücke durch den Teig ziehen, sofort ins heiße Öl geben und 3–5 Minuten goldbraun frittieren, dabei mehrmals wenden. Mit einem Schaumlöffel herausnehmen und auf Küchenpapier abtropfen lassen. Auf diese Weise alle Fischstücke verarbeiten. Vor dem Servieren nach Belieben mit Chat Masala oder Meersalz und Frühlingszwiebelringen bestreuen und mit Limettensaft beträufeln.

TIPP: Um zu prüfen, ob das Öl heiß genug zum Frittieren ist, ein kleines Stückchen Brot hineinwerfen. Wird es innerhalb von 20 Sekunden braun, stimmt die Temperatur.

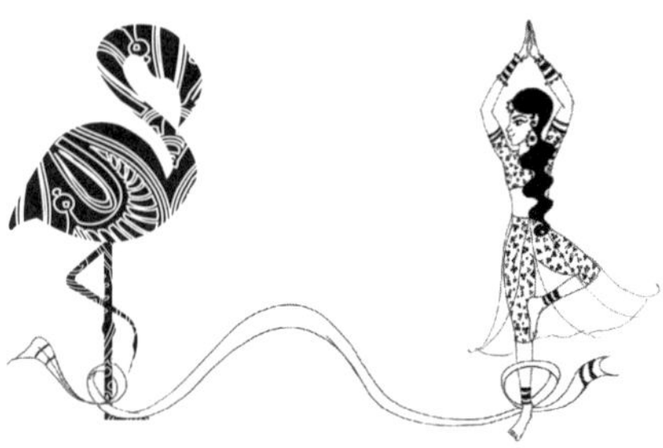

Krabbenbällchen mit Koriander und Chili

DUFTENDE GEWÜRZE UND FEINES KRABBENFLEISCH SIND EINE DERART UNWIDERSTEHLICHE KOMBINATION, DASS SIE VIELLEICHT GLEICH DIE DOPPELTE PORTION ZUBEREITEN MÖCHTEN.

FÜR 15 MUNDGERECHTE BÄLLCHEN | VORBEREITUNGSZEIT: 50 MINUTEN
GARZEIT: 15 MINUTEN

ZUTATEN

300 g weißes Krabbenfleisch
250 g weich gekochte, zerstampfte Kartoffeln
5–6 Frühlingszwiebeln, fein gehackt
1 Knoblauchzehe, sehr fein gehackt
1 Scheibe frischer Ingwer (5 mm), geschält und fein gerieben
2 frische rote Chilischoten, fein gehackt
abgeriebene Schale von 1 unbehandelten Limette
Saft von ½ Limette
1 EL fein gehacktes frisches Koriandergrün
Salz
1 Ei, verquirlt
3 EL Mehl
100 g frisches Paniermehl
Öl zum Frittieren

GEWÜRZE

1 EL gemahlener Kreuzkümmel

ZUM SERVIEREN

1 Stück Daikon-Rettich (10 cm), fein geraspelt und in einem Tuch ausgedrückt (nach Belieben)
2 EL fein gehacktes frisches Koriandergrün (nach Belieben)
1 Limette, in Spalten geschnitten

1. Das Krabbenfleisch, den Kartoffelbrei, die Frühlingszwiebeln, den Knoblauch, den Ingwer, die Chilischoten, die Limettenschale, die Hälfte des Limettensafts, das Koriandergrün, den Kreuzkümmel und 1 TL Salz in eine große Schüssel geben. Alles behutsam mit den Händen vermischen. Aus der Masse mundgerechte Bällchen formen. Diese nebeneinander auf einen leicht eingeölten Teller setzen und 15–20 Minuten in den Kühlschrank stellen.

2. In der Zwischenzeit das Ei in eine Schüssel, das Mehl und das Paniermehl jeweils auf einen Teller geben. In einer tiefen Pfanne oder einem Wok reichlich Öl zum Frittieren erhitzen.

3. Nun die Krabbenbällchen eines nach dem anderen zuerst vorsichtig im Mehl rollen, dann ins Ei tauchen und schließlich in den Bröseln wälzen. Je 3–4 Bällchen auf einmal im heißen Öl 2–3 Minuten goldbraun und knusprig frittieren. Mit einem Schaumlöffel herausnehmen und auf Küchenpapier abtropfen lassen. Mit allen Bällchen so verfahren. Nach Belieben mit Daikon und Koriander bestreuen und mit Limettenspalten servieren.

TIPP: Um zu prüfen, ob das Öl heiß genug zum Frittieren ist, ein kleines Stückchen Brot hineinwerfen. Wird es innerhalb von 20 Sekunden braun, stimmt die Temperatur.

Garnelen mit Knoblauch, Ingwer und Chili

DIESES PFIFFIGE, LEICHTE GERICHT IST PERFEKT FÜR EIN ENTSPANNTES ESSEN MIT FREUNDEN. HALTEN SIE REICHLICH KNUSPRIGES BROT BEREIT, UM DAMIT DIE WÜRZBUTTER AUFZUTUNKEN.

FÜR 4 PORTIONEN | VORBEREITUNGSZEIT: 15 MINUTEN | GARZEIT: 5 MINUTEN

ZUTATEN

200 g Ghee
12 rohe Riesengarnelen, bis auf den Schwanz geschält
½ EL Öl
8 frische Curryblätter
4 Knoblauchzehen, zerdrückt
1 Stück frischer Ingwer (5 cm), geschält und in dünne Stifte geschnitten
1 große rote Chilischote, in feine Ringe geschnitten
Salz

GEWÜRZE

1 TL schwarze Senfsamen

ZUM SERVIEREN

2 EL fein gehacktes frisches Koriandergrün
3 Frühlingszwiebeln, in feine Ringe geschnitten

1. Den Backofen auf 200 °C vorheizen.
2. In einem mittelgroßen Topf das Ghee bei hoher Temperatur schmelzen. Vier Auflaufförmchen auf einem Backblech platzieren.
3. Das heiße, flüssige Ghee gleichmäßig auf die Auflaufförmchen verteilen und je drei Garnelen hineingeben.
4. Die Formen in den Ofen schieben und die Garnelen 5 Minuten im heißen Ghee braten.
5. In der Zwischenzeit in einer kleinen Pfanne das Öl bei mittlerer Temperatur erhitzen. Die Senfsamen und die Curryblätter hineingeben und kurz anrösten. Dann den Knoblauch, den Ingwer und die Chiliringe hinzufügen und alles weitere 20–30 Sekunden braten.
6. Die heiße Würzmischung auf die Garnelenportionen verteilen, jede Portion salzen und vorsichtig umrühren.
7. Mit Koriandergrün und Frühlingszwiebelringen bestreuen und heiß servieren.

Hühnchenspieße mit Sesam und Ingwer

DIE EINFACH ZUBEREITETEN, ABER KÖSTLICHEN SPIESSE EIGNEN SICH ALS VORSPEISE ODER COCKTAILHÄPPCHEN UND SCHMECKEN AM BESTEN MIT KORIANDER-ERDNUSS-CHUTNEY (SIEHE S. 172). IDEALERWEISE MARINIEREN SIE DAS HÜHNCHEN AM VORABEND. DIE EIER UND DAS MEHL SOLLTEN JEDOCH ERST KURZ VOR DEM GAREN HINZUGEFÜGT WERDEN. BETRÄUFELN SIE DIE FERTIGEN SPIESSE NOCH MIT ETWAS HONIG – FERTIG!

FÜR 2–3 PORTIONEN | VORBEREITUNGSZEIT: 40 MINUTEN
MARINIERZEIT: 30 MINUTEN BIS 8 STUNDEN | GARZEIT: 40 MINUTEN

ZUTATEN

2 Hühnerbrustfilets (à ca. 200 g)
1 frische grüne Chilischote, in feine Ringe geschnitten
1 Knoblauchzehe, zerdrückt
45 g frischer Ingwer, geschält
2 EL fein gehacktes frisches Koriandergrün
2 EL frisch gepresster Limetten- oder Zitronensaft
2 EL Sojasauce
¼ TL Salz
Öl zum Frittieren
1 Eiweiß
3 TL Mehl

GEWÜRZE

¾ TL Garam Masala
40 g weiße Sesamsamen

ZUM SERVIEREN (NACH BELIEBEN)

Honig zum Beträufeln

1. Die Hühnerbrustfilets in je 8–9 Stücke oder Würfel schneiden und in eine Schüssel geben.

2. Die Chiliringe, den Knoblauch, den Ingwer, das Koriandergrün, den Limetten- oder Zitronensaft, das Garam Masala, die Sesamsamen, die Sojasauce und das Salz im Mixer 30–40 Sekunden zu einer groben Masse verarbeiten.

3. Die Mischung zu den Hühnchenstücken geben und mit den Händen behutsam in das Fleisch einmassieren. Die Schüssel abdecken und die Geflügelwürfel mindestens 30 Minuten, am besten jedoch über Nacht, im Kühlschrank marinieren.

4. In einer tiefen Pfanne das Öl zum Frittieren auf 180 °C erhitzen.

5. Das Eiweiß und das Mehl zu dem marinierten Hühnerfleisch geben und alles so vermischen, dass die Fleischstücke rundherum mit der Ei-Mehl-Mischung überzogen sind. Die Fleischstücke in zwei Portionen je 6–8 Minuten goldbraun frittieren, dabei einmal wenden. Mit dem Schaumlöffel herausnehmen und auf Küchenpapier abtropfen lassen. Die Würfel mit etwas Honig beträufeln, auf Holzspieße stecken und sofort servieren.

TIPP: Um zu prüfen, ob das Öl heiß genug zum Frittieren ist, ein kleines Stückchen Brot hineinwerfen. Wird es innerhalb von 20 Sekunden braun, stimmt die Temperatur.

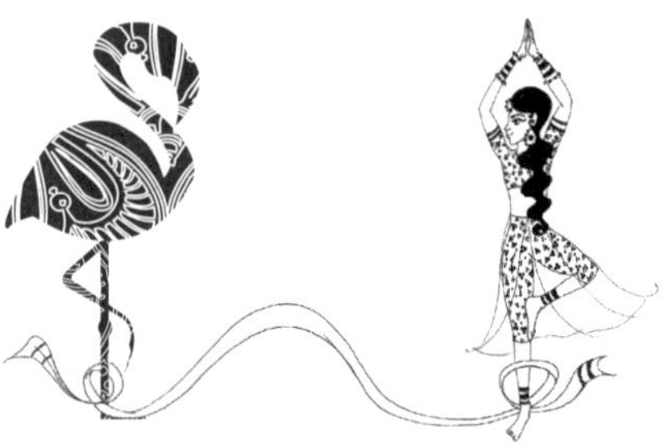

Panir
SELBST HERSTELLEN

PANIR IST EIN INDISCHER FRISCHKÄSE, DER DURCH DIE ZUGABE VON SÄURE ZUM GERINNEN GEBRACHT WIRD. ER FERMENTIERT ODER REIFT NICHT WIE ANDERER KÄSE. DIE GERONNENE MILCH WIRD IN EINEM KÄSETUCH GESAMMELT UND ENTWEDER AUFGEHÄNGT ODER MITHILFE EINES SCHWEREN GEWICHTS AUSGEPRESST. NACH DEM ABKÜHLEN HAT SICH EIN FRISCHKÄSEBLOCK GEBILDET, DER FÜR DIE VERSCHIEDENSTEN GERICHTE VERWENDET WERDEN KANN. PANIR GIBT ES ZWAR IM SUPERMARKT ZU KAUFEN, SELBST GEMACHTER SCHMECKT ABER NICHT NUR BESSER, SONDERN HAT NATÜRLICH AUCH EINE GANZ PERSÖNLICHE, EINZIGARTIGE NOTE.

FÜR CA. 250 G | VORBEREITUNGSZEIT: 1–2 STUNDEN | GARZEIT: 4–5 MINUTEN

HILFSMITTEL

TOPF MIT SCHWEREM BODEN
KÄSETUCH, SIEB
MESSBECHER
THERMOMETER

1

In einem Topf mit schwerem Boden 1 l Vollmilch bis kurz vor dem Siedepunkt erhitzen, dann den Herd abschalten. Die Milch sollte etwa 80 °C warm sein.

2

Sofort behutsam teelöffelweise 3–4 EL Zitronensaft in die Milch rühren. Dabei darauf achten, dass die Milch nicht am Boden ansetzt. Rühren, bis sich die festen Teile von der grünlichen, wässrigen Molke absetzen.

Tipp Anstelle des Zitronensafts können Sie auch Limettensaft oder Weißweinessig verwenden.

3

Quark und Molke so weit abkühlen lassen, dass man sie gut mit den Händen weiterverarbeiten kann (etwa 30 Minuten). Ein tiefes Sieb ins Waschbecken stellen und mit einem großen Stück Käsetuch auslegen. Die Molke-Quark-Mischung langsam in das Käsetuch abgießen. Den Quark vorsichtig mit fließendem Wasser überspülen.

4

Die Ecken des Käsetuchs über der Quarkmasse straff zusammenfassen und fest verknoten. Mithilfe des Tuchs die Flüssigkeit aus dem Quark drücken – je kräftiger man presst, desto fester wird der Panir.

Tipp **Dieser Schritt erfordert Sorgfalt und Geduld!**

5

Das Käsebündel im Waschbecken zwischen zwei Schneidebretter legen. Auf diese Weise wird mehr Flüssigkeit aus der Käsemasse gepresst und diese lässt sich zu einem festeren Block formen, der leicht zu schneiden und zu braten ist. Um dem Käse eine rechteckige Form zu geben, das obere Brett mit Büchern, Gewichten oder einem Topf mit Wasser beschweren und so den Druck erhöhen. Je länger der Käse gepresst wird, umso fester wird er – ideal sind 30–40 Minuten.

6

Den festen Panirblock auswickeln. Sie können ihn nun in jede gewünschte Form und Größe schneiden oder hacken. Um den Käse weich zu halten, den ganzen Block in eine Schüssel mit Wasser legen und im Kühlschrank aufbewahren. Alternativ kann man trocken im Kühlschrank gelagerten Panir vor der Verarbeitung in warmes Wasser legen. Der fertige Käse ist sofort verzehrfertig, hält sich im Kühlschrank aber auch bis zu 2 Tage und lässt sich sehr gut einfrieren.

Filostangen mit Panir und Paprika

DER MILDE PANIRKÄSE BRINGT GEWÜRZE PRIMA ZUR GELTUNG. DIESE VEGETARISCHEN HÄPPCHEN LASSEN SICH GUT VORBEREITEN: EINFACH DIE FÜLLUNG IN FILOTEIG EINWICKELN, DIESEN MIT BUTTER BESTREICHEN UND DIE ROLLEN BIS ZUM BACKEN KÜHL STELLEN. AUCH MIT BLANCHIERTEM SPINAT ODER GEGRILLTEN AUBERGINEN ANSTELLE DER PAPRIKASCHOTEN SCHMECKT DAS GEBÄCK WUNDERBAR.

FÜR 15 STÜCK | VORBEREITUNGSZEIT: 30 MINUTEN | GARZEIT: 15 MINUTEN

ZUTATEN

200 g Panir
25 g gegrillte Paprikaschoten aus dem Glas, mit Küchenpapier trocken getupft
Salz
Mehl zum Bestäuben
10 Blätter Filoteig (ca. 50 x 25 cm)
100 g flüssiges Ghee oder zerlassene Butter zum Einpinseln

GEWÜRZE

3 TL Bockshornkleeblätter
1 TL gemahlener Kreuzkümmel
1 TL gemahlene Koriandersamen
1 TL rote Chiliflocken
½ TL getrocknetes Mangopulver
je 1 TL Ajowan, Fenchel- und Zwiebelsamen, vermischt, zum Bestreuen (nach Belieben)

1. Den Backofen auf 180 °C vorheizen und ein Backblech mit Backpapier auslegen.

2. Alle Zutaten außer dem Mehl, dem Filoteig, der Gewürzmischung zum Bestreuen und dem Ghee oder der Butter im Mixer zu einer glatten Mischung verarbeiten.

3. Die Arbeitsfläche mit etwas Mehl bestäuben und ein Teigblatt darauf ausbreiten. Mit flüssigem Ghee oder flüssiger Butter bepinseln, dann ein zweites Blatt darauflegen und dieses ebenfalls bestreichen. Den Teig der Breite nach in drei gleich breite Streifen schneiden.

4. Auf den unteren Rand jedes Teigstreifens so etwas Füllung geben, dass auf beiden Seiten etwa 2 cm Rand frei bleiben. Die beiden Seitenränder über die Füllung nach innen klappen, dann den Teig von unten vollständig aufrollen. Die Rollen mit der Naht nach unten auf das Backblech legen. Mit den restlichen Teigblättern ebenso verfahren.

5. Die fertigen Teigrollen mit Ghee oder Butter bestreichen, nach Belieben mit der Gewürzmischung bestreuen und im Ofen etwa 15 Minuten goldbraun backen.

TIPP: Fertig gekauften Panir zunächst in Würfel schneiden. 5–7 Minuten in Wasser kochen und anschließend trocken tupfen. Erst dann in die Füllung einarbeiten.

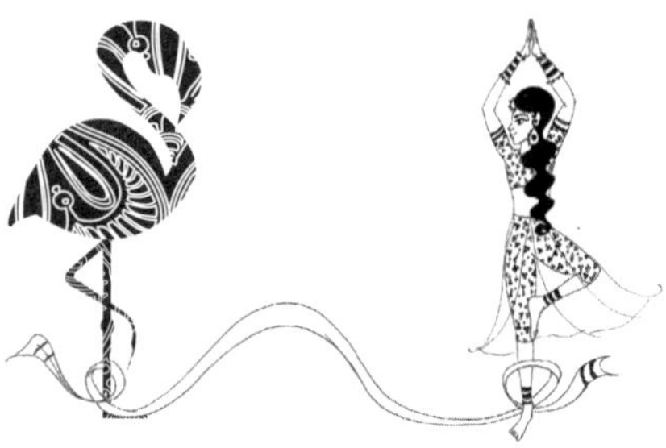

Chana Chat/ Bhel Puri

DIESES BELIEBTE INDISCHE STREETFOOD-GERICHT LIEFERT GESPRÄCHSSTOFF UND PASST PERFEKT ALS BEGLEITER ZU DRINKS. IN DIESEM REZEPT DREHT SICH ALLES UM KONTRASTE IN GESCHMACK UND KONSISTENZ: SÜSS UND SAUER, KNUSPRIG UND WEICH – ALL DAS BIETET DER KÖSTLICHE SALAT BEI JEDEM BISSEN.

FÜR 4 PORTIONEN | VORBEREITUNGSZEIT: 20 MINUTEN

ZUTATEN

1 große Kartoffel, in der Schale gegart, abgekühlt und in kleine Würfel geschnitten
3 EL Koriander-Erdnuss-Chutney (siehe S. 172)
3 EL Tomatenrelish mit Datteln und Tamarinde (siehe S. 176)
1 EL Granatapfelkerne
½ rote Zwiebel, fein gehackt
350 g gekochte Kichererbsen
8 EL Sev (knusprige Kichererbsennudeln, aus dem Asialaden)
8 EL Puffreis (aus dem Asialaden)
2 EL geröstete Cashewkerne
1 TL Salz

GEWÜRZE

½ TL Chat Masala

ZUM SERVIEREN (NACH BELIEBEN)

frisches Koriandergrün, Frühlingszwiebeln, frische Minze und rote Chilischote, jeweils fein gehackt
1 EL Granatapfelkerne

1. Alle Zutaten mit Ausnahme der Kräuter und Granatapfelkerne zum Servieren in einer großen Schüssel behutsam vermengen.

2. Den Salat nach Belieben mit Koriandergrün, Frühlingszwiebeln, Minze, Chilischote und Granatapfelkernen bestreuen und sofort genießen.

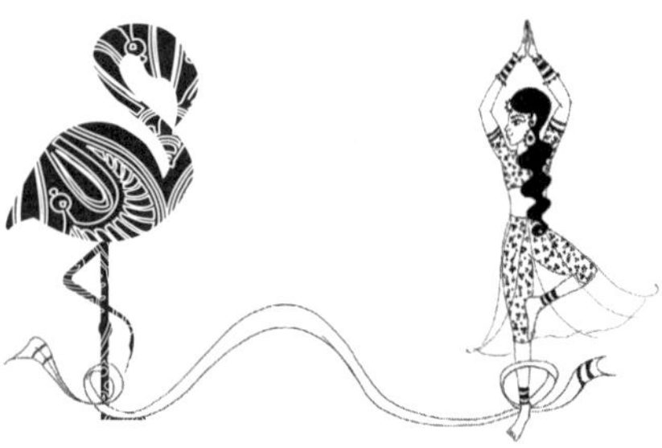

Hühnchen-Tikka-Wraps

SELBST GEMACHTES HÜHNCHEN-TIKKA, MARINIERT UND MIT GHEE BESTRICHEN, IST SAFTIG UND RAUCHIG. UNWIDERSTEHLICH SCHMECKT ES IN FRISCHES NAAN-BROT (SIEHE S. 127) GEWICKELT UND HEISS VERZEHRT. GESCHMACKLICH NOCH RUNDER WIRD DIE FÜLLUNG, WENN SIE GROSSE ZWIEBEL- UND PAPRIKAWÜRFEL MIT AUF DIE SPIESSE STECKEN. UND WER ES BESONDERS RAUCHIG MAG, GART DAS HÜHNCHENFLEISCH AUF DEM HOLZKOHLENGRILL.

FÜR 4 PORTIONEN | VORBEREITUNGSZEIT: 20 MINUTEN
MARINIERZEIT: 2–8 STUNDEN | GARZEIT: 20 MINUTEN

ZUTATEN

400 g Hühnerkeulen, enthäutet und entbeint
1 Rezeptmenge Tikka-Masala-Marinade (siehe S. 246)
1 Eiweiß
1 EL Öl
2 EL flüssiges Ghee zum Bestreichen
Saft von 1 Limette
4 Fladen einfaches Naan-Brot (siehe S. 127)
1 große Tomate, in dünne Scheiben geschnitten
½ rote Zwiebel, in dünne Ringe geschnitten
Gurken-Karotten-Chutney mit Minze (siehe S. 182)

GEWÜRZE

1 EL Chat Masala (nach Belieben)

1. Die Hühnerkeulen in mundgerechte Stücke schneiden und in einer flachen Schale sorgfältig mit der Tikka-Masala-Marinade (ohne das Eiweiß und das Öl) überziehen. Das Gefäß mit Frischhaltefolie abdecken und das Fleisch im Kühlschrank mindestens 2 Stunden, am besten jedoch über Nacht, marinieren. Anschließend das Eiweiß und das Öl untermischen.

2. Den Backofengrill auf mittlere Temperatur vorheizen. Holzspieße vor der Verwendung 30 Minuten in Wasser einweichen oder Metallspieße verwenden. Die Hühnchenstücke auf die Spieße stecken. Die Spieße auf ein Backblech mit Gitterrost legen und unter dem Grill etwa 20 Minuten braten, bis der austretende Saft klar ist. Dabei die Spieße gelegentlich wenden und mit flüssigem Ghee bestreichen.

3. Das fertig gegarte Fleisch von den Spießen schieben und nach Belieben mit Chat Masala bestreuen und mit Limettensaft beträufeln.

4. Jeden Brotfladen seitlich einschneiden, aufklappen und jeweils einige Fleischstücke in die Mitte setzen. Tomaten und Zwiebeln darauf verteilen und alles mit dem Chutney beträufeln. Die Brote wieder zusammenklappen und quer halbieren. Möglichst noch heiß servieren.

VARIANTEN: Für eine vegetarische Alternative lässt sich das Hühnerfleisch sehr gut durch Panir, knackig gegartes gemischtes Gemüse oder eine Mischung aus beidem ersetzen. Für leckere Fladenbrote für unterwegs das Hühnchen klein hacken, abkühlen lassen und in Pitabrote füllen.

Samosas mit Kartoffel-Erbsen-Füllung

SAMOSAS SELBST HERZUSTELLEN IST ZWAR AUFWENDIG, ABER DIE MÜHE LOHNT SICH. SPANNEN SIE DOCH EINFACH DIE FAMILIE ODER FREUNDE ZUM AUSROLLEN, FÜLLEN UND VERSIEGELN DER KLEINEN TEIGTASCHEN FÜR IHRE EIGENE FLIESSBANDPRODUKTION EIN! WER DIE SAMOSAS NICHT FRITTIEREN MÖCHTE, KANN MÜRBETEIG VERWENDEN UND SIE BACKEN.

FÜR 16–20 STÜCK | VORBEREITUNGSZEIT: 40 MINUTEN | GARZEIT: 30 MINUTEN

ZUTATEN

2 EL Öl, plus Öl zum Frittieren
55 g Zwiebeln, fein gehackt
55 g gegarte Erbsen
1 Scheibe frischer Ingwer (5 mm), geschält
2 kleine frische grüne Chilischoten, in feine Ringe geschnitten
1½ TL Salz
550 g gekochte Kartoffeln, geschält und grob zerdrückt
3 EL fein gehacktes frisches Koriandergrün
1 EL Mehl, plus etwas zum Bestäuben
1 Rezeptmenge Butterteig (siehe S. 250)

GEWÜRZE

1 EL Koriandersamen, leicht zerstoßen
1 EL Kreuzkümmelsamen
½ TL Garam Masala
½ EL Bockshornkleeblätter

1. Für die Füllung in einer großen Pfanne bei mittlerer Temperatur das Öl erhitzen. Die Koriander- und die Kreuzkümmelsamen darin 20 Sekunden unter Rühren anrösten.

2. Die Temperatur etwas erhöhen, die Zwiebeln zu den Gewürzen geben und diese 3–4 Minuten goldbraun schwitzen. Die Erbsen, das Garam Masala, den Ingwer, die Chilischoten, die Bockshornkleeblätter und das Salz dazugeben und alles 1 Minute braten. Dann die Temperatur wieder reduzieren und die Kartoffeln sowie das Koriandergrün untermischen.

3. Das Mehl mit 2 EL Wasser zu einer glatten Paste verrühren.

4. In einer tiefen Pfanne zum Frittieren reichlich Öl auf 180 °C erhitzen (siehe Tipp S. 52).

5. Für die Samosas den Teig in 8–10 Portionen teilen und diese zu kleinen Kugeln formen. Jede Kugel zu einem Kreis von etwa 12 cm ø ausrollen. Die Kreise mit dem Messer halbieren. Jeder Halbkreis ergibt ein Samosa.

6. Eine Platte mit etwas Mehl bestäuben. In die Mitte jedes Teighalbkreises 1 EL Füllung setzen. Mit dem Finger die Teigränder sorgfältig mit der Mehlpaste bestreichen. Die Halbkreise über der Füllung zusammenklappen und die Ränder fest zusammendrücken. Die fertigen Samosas auf die Platte legen. Dabei zügig arbeiten, damit sie nicht austrocknen. Überschüssiges Mehl abklopfen und die Samosas im heißen Öl goldbraun frittieren. Herausnehmen und auf Küchenpapier abtropfen lassen.

Weitere Füllungen für Samosas

WENN SIE DAS GRUNDREZEPT ERST EINMAL BEHERRSCHEN, KÖNNEN SIE IHRE SAMOSAS NACH HERZENSLUST FÜLLEN, ZUM BEISPIEL MIT FOLGENDEN VARIANTEN.

TIPPS:

Um zu prüfen, ob das Öl heiß genug zum Frittieren ist, ein Stückchen Weißbrot hineinwerfen. Wird es innerhalb von 20 Sekunden schön braun, stimmt die Temperatur.

Um die Samosas für einen späteren Verzehr vorzubereiten, diese nur 7–8 Minuten frittieren, bis sie knusprig, aber noch nicht goldbraun sind. Vor dem Servieren können die Teigtaschen dann ganz einfach auf einem Backblech im Ofen bei 200 °C fertig gebacken werden.

Durch zweimaliges Frittieren – zuerst bei 180 °C, dann bei etwa 190 °C – werden Samosas besonders knusprig und blättrig. Zum Einfrieren die Samosas nur einmal frittieren, dann vollständig auskühlen lassen und in Gefrierbeutel verpacken.

LAMMFLEISCH MIT ERBSEN UND MINZE

Bei dem Rezept für Teigtaschen mit Lammfleisch-Aprikosen-Füllung (siehe S. 32) die Aprikosen durch gegarte Erbsen ersetzen und ½ TL getrocknete Minze sowie ½ TL Chat Masala unter die Füllung mischen.

KAROTTEN, KOHL UND GERÖSTETE ERDNÜSSE

1. In einer Schüssel 120 g gehobelten Weißkohl, 2 geraspelte Karotten, 1 TL geschälten und geraspelten frischen Ingwer, 1½ TL gerösteten gemahlenen Kreuzkümmel, 2 EL zerstoßene geröstete Erdnüsse und 1 EL fein gehacktes frisches Koriandergrün vermischen und alles mit Salz abschmecken.

2. In einer Pfanne bei mittlerer Temperatur 1 EL Öl erhitzen und darin 1 TL schwarze Senfsamen, 5–6 Curryblätter und 1 in feine Ringe geschnittene rote Chilischote 30–40 Sekunden anrösten. Das Gemüse unterrühren.

SPINAT UND PANIR

1. In einer Pfanne bei mittlerer Temperatur 1 EL Öl erhitzen und darin 2 TL Kreuzkümmel 20 Sekunden anrösten. Dann 1 TL geschälten und geraspelten frischen Ingwer, 120 g Panir in kleinen Würfeln, ½ EL getrocknete Bockshornkleeblätter, 1 TL Garam Masala und etwas Salz hinzufügen und alles bei niedriger Temperatur 1 Minute anschwitzen.

2. Die Pfanne vom Herd nehmen und 500 g blanchierten und ausgedrückten Blattspinat unterheben. Die Mischung vollständig auskühlen lassen.

ENTENFLEISCH MIT FRÜHLINGSZWIEBELN, INGWER UND KORIANDERGRÜN

In einer großen Schüssel 600 g gehacktes gegartes Entenfleisch, 3 Frühlingszwiebeln in dünnen Ringen, 1 EL geschälten und geraspelten Ingwer, 2 TL gemahlenen Kreuzkümmel, 1 EL fein gehacktes frisches Koriandergrün, 4–5 fein gehackte Blättchen frische Minze und 1 sehr fein gehackte große rote Chilischote vermischen. Mit Salz abschmecken.

Pikant geröstete Nüsse

DIESE NUSSMISCHUNG IST NICHT NUR EIN GROSSARTIGER SNACK ZU DRINKS, SONDERN VERLEIHT GROB ZERSTOSSEN AUCH SALATEN, DIPS UND REISGERICHTEN BESONDEREN PFIFF. HASELNÜSSE, PISTAZIEN UND PEKANNÜSSE EIGNEN SICH EBENFALLS GUT, UND DEN ZUCKER KANN MAN DURCH EINE HANDVOLL ROSINEN ERSETZEN.

FÜR 4 PORTIONEN | VORBEREITUNGSZEIT: 10 MINUTEN
GARZEIT: CA. 30 MINUTEN

ZUTATEN

2 EL geschmolzenes Kokosnussöl, Ghee oder Erdnussöl
Saft und abgeriebene Schale von 1 unbehandelten Zitrone
1 TL Rohrohrzucker
1 TL Meersalz
175 g Cashewkerne
175 g Walnusskerne
175 g Mandeln
175 g Erdnusskerne

GEWÜRZE

1 TL grob gemahlener schwarzer Pfeffer
1 TL gemahlener Kreuzkümmel
1 TL Chilipulver
½ TL Chat Masala

1. Den Backofen auf 150 °C vorheizen.

2. In einer großen Schüssel das Kokosöl oder Ghee, Zitronensaft und -abrieb, alle Gewürze, den Zucker und das Salz verquirlen. Die Nüsse dazugeben und alles so lange schwenken, bis die Nüsse gleichmäßig mit der Würzmischung überzogen sind.

3. Die gewürzten Nüsse auf einem Backblech verteilen und im Ofen 20 Minuten rösten, dabei nach 10 Minuten durch Schwenken des Blechs wenden. Die Temperatur auf 125 °C reduzieren und die Nüsse weitere 10 Minuten goldbraun rösten.

4. Die gerösteten Nüsse aus dem Ofen nehmen und vollständig auskühlen lassen. Die Mischung bleibt in einem luftdicht verschlossenen Behälter 7–8 Tage knackig.

TIPP: Die Nüsse in den letzten 5 Minuten im Ofen gut im Auge behalten, damit sie nicht anbrennen.

Gemüse, Hülsenfrüchte und Eier

KAPITEL 2

Chana Masala

DIESES ÜPPIGE NORDINDISCHE KICHERERBSENGERICHT WIRD TRADITIONELL MIT PURI, BALLONARTIG AUFGEBLÄHTEM FRITTIERTEM FLADENBROT, SERVIERT, JEDES ANDERE WEISSBROT PASST ABER FAST EBENSO GUT. RESTE UND DIE SAUCE KÖNNEN ETWAS EINGETROCKNET MIT TOMATENRELISH MIT DATTELN UND TAMARINDE (SIEHE S. 176) BETRÄUFELT UND MIT FRITTIERTEN TEIGTASCHEN ODER KARTOFFEL-ERBSEN-KÜCHLEIN (SIEHE S. 156) SERVIERT WERDEN.

FÜR 4 PORTIONEN | VORBEREITUNGSZEIT: 30 MINUTEN | GARZEIT: 15 MINUTEN

ZUTATEN

3 EL Öl
1 große Zwiebel, grob gehackt
1 Stück frischer Ingwer (5 cm), geschält und grob gehackt
3 Knoblauchzehen, grob gehackt
1½ frische grüne Chilischoten, grob gehackt
760 g Kichererbsen
2 EL passierte Tomaten
2 EL fein gehacktes frisches Koriandergrün, plus ein paar Blätter zum Garnieren
1 TL Salz
4 TL Crème fraîche

GEWÜRZE

2 TL Bockshornkleeblätter
1 TL Panch Phoron
1 Lorbeerblatt
1 Stück Kassiarinde (2,5 cm)
2 TL gemahlene Kurkuma
2 TL Garam Masala
2 TL gemahlener Kreuzkümmel

ZUM SERVIEREN (NACH BELIEBEN)

1 TL flüssiges Ghee
¼ TL Chat Masala

1. In einer Pfanne 1 EL Öl erhitzen und darin die Zwiebel, den Ingwer, den Knoblauch und die Chilischoten 6–7 Minuten weich und goldbraun schwitzen. Die Mischung mit einem Schaumlöffel in den Mixer umfüllen, 2 EL von den Kichererbsen, die passierten Tomaten, die Bockshornkleeblätter und 180–190 ml Wasser dazugeben und alles zu einer glatten Masse verarbeiten.

2. In derselben Pfanne bei mittlerer Temperatur das restliche Öl erhitzen. Das Panch Phoron, das Lorbeerblatt und die Kassiarinde darin 30–40 Sekunden anbraten.

3. Die Gemüsemasse dazugeben und 1 Minute mitbraten. Die Kurkuma, das Garam Masala, den Kreuzkümmel, 1 EL von dem Koriandergrün und das Salz hinzufügen und alles 1 weitere Minute braten.

4. Die restlichen Kichererbsen und 60–70 ml Wasser einrühren und alles bei geschlossenem Deckel 5–6 Minuten köcheln lassen. Die Crème fraîche und den restlichen Koriander unterheben und die Mischung nochmals etwa 5 Minuten erhitzen, bis das Gericht schön dick und sämig ist.

5. Das Gericht nach Belieben mit flüssigem Ghee beträufeln und mit Chat Masala bestreuen. Mit dem restlichen Koriandergrün garnieren und servieren.

TIPP: Die Mischung aus gegarten Kichererbsen, karamellisierten Zwiebeln, Knoblauch und Ingwer sorgt für eine dicke, sämige Basis. Diese Grundmasse können Sie bereits am Vortag vorbereiten.

Tarka Dal mit Spinat und frischen Tomaten

DAS KLASSISCHE GEMISCHTE LINSENGERICHT WIRD MIT GANZEM KREUZKÜMMEL UND GEMAHLENEN GEWÜRZEN GEGART UND MIT RAUCHIG ANGERÖSTETEM KNOBLAUCH, KNUSPRIGEN CURRYBLÄTTERN, INGWER UND CHILI GARNIERT. LEICHT UND SCHNELL GEMACHT – PERFEKT FÜRS MITTAGESSEN MIT FREUNDEN ODER DER FAMILIE!

FÜR 4 PORTIONEN | VORBEREITUNGSZEIT: 20 MINUTEN | GARZEIT: 45 MINUTEN

ZUTATEN

100 g Mung Dal (gelbe Mungbohnen, aus dem Asialaden)
50 g Masur Dal (rote Linsen, aus dem Asialaden)
50 g Toor Dal (gelbe Linsen, aus dem Asialaden)
1 TL Salz
3 EL Öl
¼ Zwiebel, fein gehackt
2 Knoblauchzehen, fein gehackt
1 Stück frischer Ingwer (1 cm), geschält und fein gehackt
3 große Handvoll Babyspinat, gehackt
1 Tomate, in feine Würfel geschnitten
flüssiges Ghee zum Beträufeln

GEWÜRZE

½ TL gemahlene Kurkuma
1 TL Kreuzkümmel
1 TL Garam Masala

ZUM SERVIEREN

Curryblätter, Knoblauch, Ingwer und Chili (siehe S. 240, nach Belieben)

1. Alle drei Hülsenfruchtsorten zusammen gründlich abspülen und in einem großen Topf mit Wasser bedecken. Das Wasser zum Kochen bringen, dann die Temperatur reduzieren und die Hülsenfrüchte 15 Minuten köcheln lassen. Mit einem großen Löffel aufsteigenden Schaum und Verunreinigungen von der Wasseroberfläche entfernen.

2. Die Kurkuma und das Salz einrühren und die Mischung weitere 10 Minuten köcheln lassen, dabei gelegentlich umrühren und die Hülsenfrüchte zur Garprobe mit der Löffelrückseite gegen die Topfwand pressen. Weiter garen, bis sie weich und sämig sind (bei Bedarf etwas kochendes Wasser angießen). Vom Herd nehmen.

3. In einer Pfanne bei mittlerer Temperatur das Öl erhitzen und den Kreuzkümmel darin 2–3 Sekunden anrösten. Dann die Temperatur etwas reduzieren, die Zwiebel dazugeben und 3–4 Minuten goldbraun schwitzen. Den Knoblauch und den Ingwer dazugeben und alles weitere 20 Sekunden braten.

4. Das Garam Masala einrühren und 1 Minute mitbraten. Eine Schöpfkelle von der Linsenmischung dazugeben, zum Vermischen in der Pfanne schwenken und dann alles zu den restlichen Hülsenfrüchten gießen. Die Mischung bei niedriger Temperatur 8–10 Minuten köcheln lassen.

5. Den Herd abschalten. Den Spinat und die Tomaten zu dem Dal geben, das Gericht mit flüssigem Ghee beträufeln und nach Belieben mit der Mischung aus Curryblättern, Knoblauch, Ingwer und Chili garnieren.

Gebratene Schalotten mit Tamarinde und gerösteter Kokosnuss

DIES IST EINE INTERESSANTE KOMBINATION AUS SÜSSLICHEN SCHALOTTEN, GERÖSTETEN KOKOSRASPELN UND SÄUERLICHER TAMARINDE, AROMATISIERT MIT CHILI UND KNUSPRIGEN CURRYBLÄTTERN: DIE PERFEKTE BEILAGE ZU DALS ALLER ART, DEN MEISTEN REISGERICHTEN UND INDISCHEM BROT.

FÜR 2–3 PORTIONEN | VORBEREITUNGSZEIT: 15 MINUTEN
GARZEIT: 15 MINUTEN

ZUTATEN

40 g Kokosraspel
3 EL Öl
150 g Schalotten, geschält und halbiert
½ TL Salz
1 TL Tamarindenmark
7–9 frische Curryblätter

GEWÜRZE

1 TL Koriandersamen, zerstoßen
1 TL Chilipulver
¼ TL gemahlene Kurkuma
1 TL Senfsamen
1 getrocknete rote Chilischote

1. Eine kleine Pfanne bei mittlerer Temperatur erhitzen und darin die Kokosraspel und die Koriandersamen ohne Öl goldbraun anrösten. Das Chilipulver unterrühren. Die Mischung vom Herd nehmen und im Mixer zermahlen. Nach und nach so viel Wasser (3–4 EL) dazugeben, dass eine glatte Paste entsteht.

2. Danach eine große Pfanne bei mittlerer Temperatur erhitzen und 2 EL von dem Öl hineingießen. Darin die Schalotten unter Schwenken leicht anbräunen. Das Salz, 3–4 EL Wasser und die Kurkuma dazugeben und alles 5–7 Minuten köcheln lassen, bis die Schalotten weich sind. Die Kokospaste und das Tamarindenmark einrühren. Die Temperatur etwas reduzieren und die Mischung weitere 3–5 Minuten kochen.

3. In einer anderen großen Pfanne das restliche Öl bei mittlerer Temperatur erhitzen. Die Senfsamen hineingeben und unter Schwenken 20 Sekunden anrösten. Die Curryblätter und die getrocknete Chilischote hinzufügen und 15 Sekunden braten. Die Schalotten untermischen und das Gericht sofort heiß servieren.

Sahnige Erbsen-Pilz-Pfanne

DIESES REICHHALTIGE, SÄTTIGENDE GERICHT IST SCHNELL GEMACHT UND ENTHÄLT WEDER ZWIEBELN NOCH CHILI. SO EIGNET ES SICH WUNDERBAR ALS TEIL JEDES FAMILIENESSENS ODER, AUF DICKEN, GERÖSTETEN BROTSCHEIBEN SERVIERT, BRUNCHS. DIE PILZE UND ERBSEN KÖNNEN ZUSAMMEN MIT DEN GEWÜRZEN BEREITS IM VORAUS GEBRATEN WERDEN. KURZ VOR DEM SERVIEREN WIRD DANN NUR NOCH DIE SAHNE EINGERÜHRT UND ALLES KURZ ERHITZT.

ALS VORSPEISE FÜR 4 PORTIONEN | VORBEREITUNGSZEIT: 20 MINUTEN | GARZEIT: 15 MINUTEN

ZUTATEN

3 EL süße Sahne
1 EL Kokosmilchpulver
2 EL Öl
8–9 frische Curryblätter
3 Knoblauchzehen, sehr fein gehackt
200–250 g braune Champignons, geviertelt
115 g gegarte Erbsen
1 TL Salz
100 ml Gemüse- oder Geflügelbrühe oder Wasser
1 Stück frischer Ingwer (1 cm), geschält und in feine Stifte geschnitten

GEWÜRZE

1 großzügige Prise geriebene Muskatnuss
1 TL schwarze Senfsamen
¼ TL gemahlene Kurkuma
1 TL grob gemahlener schwarzer Pfeffer
½ TL Garam Masala
¼ TL Paprikapulver

ZUM SERVIEREN (NACH BELIEBEN)

frisches Koriandergrün, Frühlingszwiebel und frische grüne oder rote Chilischote, jeweils fein gehackt, zum Bestreuen

1. Die Sahne, das Kokosmilchpulver und die Muskatnuss verrühren und beiseitestellen.

2. In einer Pfanne mit schwerem Boden bei mittlerer Temperatur das Öl erhitzen. Die Senfsamen und die Curryblätter hineingeben und braten, bis sie anfangen zu knistern und zu springen. Dann den Knoblauch und die Pilze hinzufügen. Die Temperatur etwas erhöhen und alles unter Rühren 5 Minuten braten, bis die Pilze eine schöne dunkelbraune Farbe angenommen haben.

3. Nun die Erbsen, die Kurkuma, den Pfeffer, das Garam Masala, das Paprikapulver und das Salz dazugeben und alles unter Rühren 1 Minute weiterbraten.

4. Die Kokosmilchpaste und die Brühe oder das Wasser unterrühren, dann die Hitze reduzieren und alles 4–5 Minuten sanft köcheln lassen. Den Ingwer unterheben. Das Gericht nach Belieben mit Koriandergrün, Frühlingszwiebeln und Chili bestreuen und servieren.

Baingan Bharta

UM DAS RAUCHIG PIKANTE AROMA DIESES GERICHTS NOCH ZU VERSTÄRKEN, KÖNNEN SIE DIE AUBERGINEN ÜBER OFFENEM FEUER ODER AUF DEM GRILL BRATEN. DAS LÄSST SICH GUT BEREITS AM VORTAG ERLEDIGEN. RESTE SCHMECKEN MIT NATURJOGHURT GEMISCHT UND ZIMMERWARM GENOSSEN BESONDERS GUT.

FÜR 4 PORTIONEN | VORBEREITUNGSZEIT: 20–30 MINUTEN
GARZEIT: 30 MINUTEN

ZUTATEN

2 große Auberginen
4 EL Öl
3 mittelgroße Zwiebeln, fein gehackt
2–3 Knoblauchzehen, fein gehackt
1 Stück frischer Ingwer (1 cm), geschält und fein gerieben
1 TL Salz

GEWÜRZE

1 TL Panch Phoron (nach Belieben)
½ TL gemahlener Kreuzkümmel
1 Lorbeerblatt
1 Stück Kassiarinde oder Zimtstange (2,5 cm)
1 TL Bockshornkleeblätter
¼ TL gemahlene Kurkuma
1 TL Garam Masala
½ TL gemahlene Koriandersamen

ZUM SERVIEREN (NACH BELIEBEN)

8 Kirschtomaten, halbiert oder geviertelt und entkernt
1 EL fein gehacktes frisches Koriandergrün

ANREGUNG

Reste mit 2 EL griechischem Joghurt, 1 TL fein gehackter frischer Minze und etwas Salz vermischen. Zimmerwarm als Beilage servieren.

1. Den Backofengrill aufheizen. Die Auberginen rundherum mit ½ TL von dem Öl einreiben oder bestreichen und mit einer Gabel von allen Seiten Löcher in die Haut stechen – dadurch lässt sie sich später leichter entfernen. Die Auberginen in den Ofen schieben und etwa 15 Minuten grillen, bis die Haut sich schwarz färbt und das Fleisch weich ist. Die Auberginen abkühlen lassen, dann vorsichtig die Haut abziehen. Das Auberginenfleisch mit Messer und Gabel zerkleinern und beiseitestellen.

2. Inzwischen in einer großen Pfanne mit schwerem Boden bei mittlerer Temperatur das restliche Öl erhitzen. Zunächst nach Belieben das Panch Phoron hineingeben und 40 Sekunden anrösten, dann nacheinander den Kreuzkümmel, das Lorbeerblatt und Kassiarinde oder Zimt dazugeben und jeweils 40 Sekunden braten, bevor das nächste Gewürz hinzugefügt wird.

3. Die Zwiebeln unter die Gewürze mischen und 4–5 Minuten anschwitzen und karamellisieren. Die Temperatur etwas erhöhen, dann den Knoblauch und die Bockshornkleeblätter dazugeben und 1 Minute mitbraten. Die Kurkuma, das Garam Masala, die Koriandersamen, den Ingwer und das Salz einrühren und alles 1 weitere Minute braten. Das Auberginenfleisch untermischen und alles unter Rühren weitere 5–7 Minuten erhitzen. Den Deckel auflegen und die Mischung 4 Minuten ziehen lassen. Nach Belieben mit Kirschtomaten und Koriandergrün garnieren und servieren.

Gebratener Blumenkohl mit Erbsen

FÜR DIESES GERICHT GIBT ES MEHRERE ARTEN DER ZUBEREITUNG – DIES HIER IST EINE VEREINFACHTE VERSION. AUF DIE GLEICHE WEISE LASSEN SICH AUCH ANDERE GEMÜSESORTEN WIE BUTTERNUTKÜRBIS ODER BROKKOLI VERARBEITEN, ABER AUCH PANIR SCHMECKT KÖSTLICH. WENN ES SPÄTER BESONDERS SCHNELL GEHEN SOLL, KÖNNEN SIE DEN BLUMENKOHL VORKOCHEN, DADURCH VERRINGERT SICH DIE GARZEIT.

FÜR 4 PORTIONEN | VORBEREITUNGSZEIT: 15 MINUTEN | GARZEIT: 15 MINUTEN

ZUTATEN

850 g Blumenkohl, in mundgerechte Stücke geteilt
1 TL Mehl
½ TL Salz
2 EL Senföl (siehe S. 15) oder anderes Öl
1 frische grüne Chilischote, der Länge nach aufgeschlitzt
6 EL passierte Tomaten
200 g gegarte Erbsen

GEWÜRZE

1¼ TL gemahlene Kurkuma
2 TL zerstoßene Koriandersamen
2 TL zerstoßene Fenchelsamen
1 TL gemahlener Kreuzkümmel

ZUM SERVIEREN (NACH BELIEBEN)

Curryblätter, Knoblauch, Ingwer und Chili (siehe S. 240)

1. Den Blumenkohl zusammen mit dem Mehl, der Kurkuma, dem Salz und 1 EL von dem Öl in eine große Schüssel geben und alles gründlich mit den Händen vermischen, bis die Blumenkohlröschen ganz mit der Mehlmischung überzogen sind.

2. In einer großen Pfanne oder einem Wok das restliche Öl bei mittlerer Temperatur erhitzen und darin unter Schwenken den Blumenkohl und die Chilischote 5–6 Minuten anbraten, bis der Blumenkohl leicht gegart und etwas angebräunt ist.

3. Die Koriander- und die Fenchelsamen sowie den Kreuzkümmel dazugeben und 1 Minute mitbraten. Dann die Temperatur etwas reduzieren, die passierten Tomaten und die Erbsen hinzufügen und alles zugedeckt 6–7 Minuten köcheln lassen, bis der Blumenkohl durchgegart ist. Dabei gelegentlich umrühren.

4. Nach Belieben mit der Mischung aus Curryblättern, Knoblauch, Ingwer und roter Chili garnieren und servieren.

SECHSMAL Ei

1 MASALA-RÜHREI

VERQUIRLEN Sie in einer Schüssel 8 Eier. 2 EL Sahne oder Milch dazugeben und alles gründlich verschlagen.

ERHITZEN Sie in einer Pfanne mit schwerem Boden 1 EL Öl bei niedriger Temperatur.

FÜGEN Sie ½ TL Kreuzkümmel und 2 EL geschälten und geriebenen frischen Ingwer hinzu. 10 Sekunden leicht anschwitzen.

MISCHEN Sie ½–1 TL Garam Masala, 1 TL rote Chiliflocken und etwas Salz unter. 1 Minute mitbraten.

GIESSEN Sie die Eiermasse über die anderen Zutaten in die Pfanne und reduzieren Sie die Temperatur. Vorsichtig unter Rühren garen, bis die Eier eine cremige Konsistenz haben.

BESTREUEN Sie das Rührei mit 2 TL Garam Masala und anschließend mit etwas fein gehacktem frischem Koriandergrün.

SERVIEREN Sie die Eier mit Parathas (siehe Tipp S. 120) oder getoasteten Brötchen.

2 PIKANTES EIBROT

VERQUIRLEN Sie in einer großen, flachen Schüssel 6 Eier.

GEBEN Sie 1 TL Garam Masala, ½ TL gemahlenen Kreuzkümmel, ½ TL gemahlene Koriandersamen, 1 EL Bockshornkleeblätter, 1 TL rote Chiliflocken, 2 EL fein gehacktes frisches Koriandergrün und ½ TL Salz dazu. Alles gründlich verrühren.

ERHITZEN Sie in einer Pfanne mit schwerem Boden bei mittlerer Temperatur 2 EL Öl und einen großen Stich Butter. 4–5 dünne Brotscheiben eine nach der anderen in die Eiermischung legen, leicht andrücken, darin wenden, bis sie ganz mit Ei überzogen sind, und 1–2 Minuten einweichen.

LEGEN Sie die Brotscheiben portionsweise in die heiße Pfanne. Von beiden Seite goldbraun und knusprig braten und sofort heiß servieren.

3 EIERCURRY MIT KOKOSMILCH

ERHITZEN Sie etwas Öl in einem Wok oder einer Pfanne mit schwerem Boden und braten Sie darin 6 wachsweich gekochte Eier 1 Minute goldbraun an. Herausnehmen und beiseitestellen.

GEBEN Sie 1 EL Ingwer-Knoblauch-Paste (siehe S. 231), 1 EL karamellisierte Zwiebelpaste (siehe S. 231) in die Pfanne. Anschließend je 1½ TL gemahlene Kurkuma und Garam Masala, 1 TL gemahlenen Kreuzkümmel und ½ TL Salz einrühren.

RÖSTEN Sie die Würzmischung unter Schwenken 30–35 Sekunden duftend an.

RÜHREN Sie 150 ml Kokosmilch ein. Bei mittlerer Temperatur 2–3 Minuten sanft köcheln lassen.

HEBEN Sie 2 in Ringe geschnittene grüne Chilischoten und 4 EL geschälten und geriebenen frischen Ingwer unter. Die Sauce 5 Minuten köcheln und andicken lassen. Die Eier der Länge nach halbieren und mit dem Dotter nach oben in die Sauce legen. Mit fein gehackten Frühlingszwiebeln und Koriandergrün bestreuen.

SERVIEREN Sie das Curry mit Zitrusreis mit Kichererbsen (siehe S. 146).

4 NARGISI KOFTA

VERARBEITEN Sie 1 kleine fein gehackte Zwiebel (in einem Geschirrhandtuch trocken gepresst), 1 EL gehackten frischen Ingwer, 5 fein gehackte Knoblauchzehen, 1 Prise geriebene Muskatnuss, je ½ TL Garam Masala, gemahlenen Kreuzkümmel und gemahlene Koriandersamen sowie 1 TL Salz, ½ TL gehackte Minze und 1 EL gehacktes frisches Koriandergrün im Mixer zu einer glatten Würzpaste.

GEBEN Sie 500 g Hackfleisch vom Lamm dazu. Dann alles zu einer glatten Masse vermischen.

TEILEN Sie die Masse in vier Portionen. 4 wachsweich gekochte Eier schälen und jedes mit einer Portion von der Lammfleischmasse umhüllen.

ROLLEN Sie die Koftas zunächst in 4 EL Mehl, dann in 1 verquirltem Ei und schließlich in frischem Paniermehl (aus 3 Scheiben trockenem Weißbrot ohne Rinde). 30 Minuten kühl stellen.

ERHITZEN Sie in einem Topf 1,5 l Öl bei mittlerer Temperatur und braten Sie darin je 2 Koftas 8–10 Minuten. Die fertigen Koftas der Länge nach halbieren.

SERVIEREN Sie die Koftas mit Tomatenrelish mit Datteln und Tamarinde (siehe S. 176).

5 GEBRATENES GEMÜSE MIT EIERN

HEIZEN Sie den Backofen auf 190 °C vor.

VERMENGEN Sie 25 ml Öl, 1 TL Salz, 1 TL zerstoßene Fenchelsamen und ½ TL zerstoßene rote Chilischote. Die Würzmischung mit 250 g Auberginenwürfeln, 1 gewürfelten gelben Paprikaschote und 1 gehackten roten Zwiebel verrühren.

GEBEN Sie das Gemüse auf ein Backblech. Im Backofen 15–20 Minuten garen, dabei häufig durch Schütteln wenden.

VERMENGEN Sie die gegarte Gemüsemischung mit einer Rezeptmenge Tomaten-Senf-Dressing (siehe S. 74). Dann das Gemüse in eine flache Auflaufform füllen.

DRÜCKEN Sie 4–5 gleichmäßig große Mulden in das Gemüsebett. In jede Mulde 1 Ei schlagen. Mit Salz und Pfeffer abschmecken, das Gericht in den Ofen schieben und 10–12 Minuten backen.

BESTREUEN Sie das Gericht mit fein gehacktem frischem Koriandergrün und geröstetem zerstoßenem Kreuzkümmel.

SERVIEREN Sie dazu warmes knuspriges Brot.

6 SPINAT-KARTOFFEL-OMELETT

ERHITZEN Sie 2 EL Öl in einer beschichteten Pfanne (ca. 25 cm ⌀) mit hitzebeständigem Griff.

GEBEN Sie zunächst 2 TL ganzen Kreuzkümmel hinein.

ANSCHLIESSEND 500 g gewürfelte gekochte Kartoffeln und 3 Frühlingszwiebeln in feinen Ringen hinzufügen und alles 2 Minuten braten.

SCHLAGEN Sie 6 Eier in eine große Schüssel. Mit je ½ TL Salz und Pfeffer würzen und gründlich verquirlen, dann 225 g gekochten gehackten Spinat, 1 TL Bockshornkleeblätter und ½ TL rote Chiliflocken einrühren.

GIESSEN Sie die Eiermischung zu der Kartoffelmischung in die Pfanne. Den Deckel auflegen und das Omelett ohne Rühren 6 Minuten braten, bis es gar, aber an der Oberfläche noch weich ist.

SCHIEBEN Sie das Omelett unter den sehr heißen Backofengrill. Goldbraun backen, dann in Viertel schneiden und mit Rohkostsalat mit Gewürzdressing (siehe S. 160) servieren.

1
2
3
4
?
5
6

Dal Makhani

DIESE LINSEN-BOHNEN-MISCHUNG IST DAS ULTIMATIVE DAL-GERICHT UND DAHER GENAU DAS RICHTIGE FÜR BESONDERE ANLÄSSE. DIE TRADITIONELLE ZUBEREITUNG DAUERT MEHRERE STUNDEN, ABER AUCH MIT HOCHWERTIGEN VORGEKOCHTEN HÜLSENFRÜCHTEN GELINGT ES WUNDERBAR. DIE KOMBINATION AUS GERÖSTETEM KNOBLAUCH UND BOCKSHORNKLEEBLÄTTERN SOWIE CHILI, CRÈME DOUBLE UND BUTTER MACHT DAL MAKHANI ZU EINEM HIMMLISCH ÜPPIGEN, EINZIGARTIGEN GESCHMACKSERLEBNIS.

FÜR 4 PORTIONEN | VORBEREITUNGSZEIT: 30 MINUTEN
GARZEIT: 25–30 MINUTEN

ZUTATEN

3 EL Ghee oder Öl
1 große Zwiebel, grob gehackt
1 Stück frischer Ingwer (2,5 cm), geschält und grob gehackt
4 Knoblauchzehen, grob gehackt
1 kleine frische grüne Chilischote, grob gehackt
100 g gegarte Urad Dal (Urdbohnen, aus dem Asialaden)
100 g gegarte Kidneybohnen
2 TL Tomatenmark
1 TL Salz

GEWÜRZE

1½ TL getrocknete Bockshornkleeblätter
1 Lorbeerblatt
1 TL Kreuzkümmel
1 Stück Kassiarinde oder Zimtstange (2,5 cm)
1 schwarze Kardamomkapsel, leicht zerstoßen
1½ TL Garam Masala
¼ TL gemahlene Kurkuma
1 TL gemahlene Koriandersamen

ZUM SERVIEREN

1 TL flüssiges Ghee
½ EL Crème double
einige Blättchen frisches Koriandergrün

1. In einer großen Pfanne bei mittlerer Temperatur 1 EL von dem Ghee oder Öl erhitzen und darin die Zwiebel, den Ingwer, den Knoblauch und die Chili 7–8 Minuten weich und goldbraun braten. Die Mischung etwas abkühlen lassen, dann mit einem Schaumlöffel in den Mixer geben. Je ½ EL von den Dal Urad und den Kidneybohnen, das Tomatenmark, die Bockshornkleeblätter und 50 ml Wasser dazugeben und alles zu einem glatten Püree verarbeiten.

2. In einer Pfanne bei mittlerer Temperatur das restliche Ghee oder Öl erhitzen. Das Lorbeerblatt, den Kreuzkümmel, Kassiarinde oder Zimt und den Kardamom darin 20 Sekunden anrösten. Das Bohnenpüree dazugeben und alles 2 Minuten unter Rühren erhitzen.

3. Das Garam Masala, die Kurkuma und das Salz unterrühren und alles 1 weitere Minute kochen.

4. Anschließend die restlichen Urad Dal und Kidneybohnen, die gemahlenen Koriandersamen und 100–120 ml Wasser einrühren, den Deckel auflegen und die Mischung etwa 10 Minuten köcheln und schön sämig eindicken lassen.

5. Den Herd abschalten. Das Gericht mit dem flüssigen Ghee und der Crème double beträufeln und mit dem Koriandergrün bestreuen.

TIPP: Durch das Einarbeiten einer kleinen Menge gekochter Kidneybohnen in die Mischung aus karamellisierten Zwiebeln, Knoblauch und Ingwer erhält man eine dicke, seidige und glatte Basis. Dieses Püree kann schon am Vortag zubereitet werden.

Gedünstete grüne Bohnen in Tomaten-Senf-Dressing

DIESE BOHNEN PASSEN ALS BEILAGE ZU DEN MEISTEN GEBRATENEN ODER GEGRILLTEN FLEISCHGERICHTEN, SALATEN UND PIKANTEN TARTES. MIT DEM WUNDERBAR WÜRZIGEN DRESSING KÖNNEN SIE AUCH GEKOCHTE KARTOFFELN, ERBSEN, DICKE BOHNEN ODER BROKKOLI ANMACHEN. BEREITEN SIE DAS DRESSING EIN BIS ZWEI TAGE IM VORAUS ZU UND GEBEN SIE ES SPÄTER ZU DEN HEISSEN BOHNEN, DAMIT DIESE ALLE AROMEN AUFNEHMEN KÖNNEN.

FÜR 4 PORTIONEN | VORBEREITUNGSZEIT: 15 MINUTEN | GARZEIT: 15 MINUTEN

ZUTATEN

250 g grüne Bohnen, geputzt
2 EL Senf- oder anderes Pflanzenöl
6–7 frische Curryblätter
1 Knoblauchzehe, sehr fein gehackt
1 großzügige Prise Zucker
180 g passierte Tomaten
Salz

GEWÜRZE

¼ TL schwarze Senfsamen
¼ TL Chilipulver
¼ TL gemahlene Koriandersamen
¼ TL gemahlener schwarzer Pfeffer
¼ TL gemahlene Kurkuma
¼ TL gemahlener Zimt

ZUM SERVIEREN

1 Rezeptmenge knuspriger Ingwer-Knoblauch-Zwiebel-Mix (siehe S. 238)

1. Die Bohnen 4–5 Minuten dünsten, dann abgießen und in eiskaltem Wasser abschrecken.

2. Das Öl in einer Pfanne mit schwerem Boden bei mittlerer Temperatur 1 Minute erhitzen (zur Verwendung von Senföl siehe S. 15). Die Curryblätter und die Senfsamen darin 30 Sekunden anrösten. Anschließend die Temperatur reduzieren. Den Knoblauch dazugeben und kurz anbraten, dann das Chilipulver, die Koriandersamen, den Pfeffer, die Kurkuma, den Zimt und den Zucker dazugeben und alles 1 Minute braten.

3. Die passierten Tomaten und etwas Salz einrühren und den Deckel auflegen. Die Temperatur etwas erhöhen und das Dressing 5–8 Minuten köcheln lassen, bis sich das Öl absetzt. Dabei gelegentlich umrühren.

4. Die Bohnen mit dem Dressing übergießen. Mit dem knusprigen Ingwer-Knoblauch-Zwiebel-Mix bestreuen und warm oder kalt servieren.

Rote-Bete-Curry

DIESES FANTASTISCHE CURRY SCHMECKT WARM ODER KALT UND ALS HAUPTGERICHT EBENSO GROSSARTIG WIE ALS BEILAGE. FÜR VEGETARIER WIE FÜR »FLEISCHFRESSER« IST DAS FARBINTENSIVE, APPETITLICHE GERICHT EINE GESUNDE ABWECHSLUNG, ZU DER MAN SALAT, REIS ODER CHAPATI REICHEN KANN. DIE ROTE-BETE-STÜCKE SOLLTEN IN ETWA EINHEITLICH GROSS SEIN.

FÜR 4 PORTIONEN | VORBEREITUNGSZEIT: 30 MINUTEN | GARZEIT: 40 MINUTEN

ZUTATEN

30 g Kokosraspel
2 frische grüne Chilischoten, der Länge nach aufgeschlitzt
1 Stück frischer Ingwer (2,5 cm), geschält und grob gehackt
400–500 g Rote Bete
3 EL Pflanzenöl
10 frische Curryblätter
1 Zwiebel, fein gehackt
2–3 TL Salz

GEWÜRZE

Samen aus 4 schwarzen Kardamomkapseln
½ TL Fenchelsamen
2 TL schwarze Senfsamen
½ TL Chilipulver
1 TL gemahlene Kurkuma
1 TL gemahlener Kreuzkümmel

ZUM SERVIEREN

225 ml Naturjoghurt

1. Im Mixer die Kokosraspel, die Chilischoten, den Ingwer, die Kardamom- und die Fenchelsamen zu einer feinen Paste verarbeiten. Dabei, falls nötig, etwas Wasser angießen. Beiseitestellen.

2. Die Roten Beten in Spalten oder Würfel schneiden und in kochendem Wasser etwa 20 Minuten weich garen. Abgießen.

3. In einer großen Pfanne das Öl erhitzen und die Senfsamen hineingeben. Sobald sie anfangen zu springen, die Curryblätter hinzufügen. Gleich danach die Roten Beten, die Zwiebel, das Chilipulver, die Kurkuma, den Kreuzkümmel und das Salz einrühren und alles 7–8 Minuten unter gelegentlichem Rühren braten. Zuletzt die Kokosmischung einrühren, dann die Temperatur reduzieren und alles 10–12 Minuten köcheln und eindicken lassen. Dabei gelegentlich umrühren, damit die Flüssigkeit besser austreten kann.

4. Das Joghurt hinzufügen und heiß servieren.

Kidneybohnen und Kartoffeln

DIESES RUSTIKALE GERICHT IST DIE REINSTE SEELENNAHRUNG UND WÄRMT IM WINTER DURCH UND DURCH. DIE DICKE SAUCE AUF MASALA-BASIS SCHMECKT AM BESTEN, WENN SIE MIT EINFACHEM REIS OHNE ALLES (SIEHE S. 134) SERVIERT WIRD.

FÜR 4 PORTIONEN | VORBEREITUNGSZEIT: 20 MINUTEN | GARZEIT: 25 MINUTEN

ZUTATEN

3 EL Öl
2 Zwiebeln, grob gehackt
1 Stück frischer Ingwer (2,5 cm), geschält und grob gehackt
4 Knoblauchzehen, grob gehackt
1½ grüne Chilischoten, grob gehackt
760 g gekochte Kidneybohnen
1 EL passierte Tomaten
1 TL Salz
1 Kartoffel, geschält und in 8 Stücke geschnitten
2 EL fein gehacktes frisches Koriandergrün, plus etwas zum Bestreuen
1 EL flüssiges Ghee zum Beträufeln

GEWÜRZE

2 TL Bockshornkleeblätter
1½ TL Kreuzkümmel
2 TL Garam Masala
1 TL gemahlene Koriandersamen
1 TL gemahlene Kurkuma

1. In einer Pfanne 1 EL von dem Öl erhitzen und darin die Zwiebeln, den Ingwer, den Knoblauch und die Chilischoten 6–7 Minuten weich und goldbraun braten. Die Mischung etwas abkühlen lassen, dann mit einem Schaumlöffel in den Mixer geben. 2 EL von den Kidneybohnen, die passierten Tomaten, die Bockshornkleeblätter und 2 EL heißes Wasser dazugeben und alles zu einer glatten Paste verarbeiten.

2. In einer Pfanne bei mittlerer Temperatur das restliche Öl erhitzen und darin den Kreuzkümmel 2–3 Sekunden anrösten. Die Zwiebelpaste dazugeben und 2 Minuten mitbraten. Das Garam Masala, die Koriandersamen, die Kurkuma und das Salz unterrühren und alles 1 weitere Minute braten. Die Kartoffelwürfel zusammen mit 120–140 ml heißem Wasser dazugeben und alles abgedeckt 5 Minuten köcheln lassen. Anschließend die restlichen Kidneybohnen und das Koriandergrün unterheben und die Mischung weitere 4–5 Minuten köcheln und eindicken lassen, bis die Kartoffeln durchgegart sind.

3. Das fertige Gericht mit dem flüssigen Ghee beträufeln, mit gehacktem Koriandergrün bestreuen und servieren.

TIPP: Durch das Einarbeiten einer kleinen Menge gekochter Kidneybohnen in die Mischung aus karamellisierten Zwiebeln, Knoblauch und Ingwer erhält man eine dicke, seidige und glatte Basis. Dieses Püree kann schon am Vortag zubereitet werden.

Gefüllte Okras

IHRE KNACKIG-FRISCHE KONSISTENZ MACHT OKRASCHOTEN ZUM PERFEKTEN GEMÜSE FÜR DIESES GERICHT. DEN ETWAS »SCHLEIMIGEN CHARAKTER« DER OKRAS WIRD MAN LOS, INDEM MAN DEN STIELANSATZ ABSCHNEIDET UND DIE SCHOTEN MIT ZITRONENSAFT VERMISCHT. DANN KOMMEN DIE UNGLAUBLICHEN AROMEN DER FÜLLUNG UND DER NATÜRLICHE GESCHMACK DER »LADYFINGERS«, WIE OKRASCHOTEN IN INDIEN AUCH GENANNT WERDEN, ZUR GELTUNG. GEFÜLLTE OKRAS EIGNEN SICH ALS BEILAGE EBENSO GUT WIE ALS HAUPTGERICHT. ACHTEN SIE DARAUF, DIE FRÜCHTE VOR DER ZUBEREITUNG VOLLSTÄNDIG ABZUTROCKNEN.

FÜR 4 PORTIONEN | VORBEREITUNGSZEIT: 45 MINUTEN | GARZEIT: 20 MINUTEN

ZUTATEN

500 g Okraschoten
1 EL Kokosraspel
2 TL Zitronensaft
1 TL Salz
2–3 EL Öl
1 rote Zwiebel, in feine Ringe geschnitten
1 rote Paprikaschote, in Streifen geschnitten
1 Stück frischer Ingwer (2,5 cm), geschält und in feine Streifen geschnitten

GEWÜRZE

1 TL rote Chiliflocken
2 TL gemahlene Koriandersamen
2 TL gemahlener Kreuzkümmel
½ TL Granatapfelpulver (nach Belieben)
1 TL gemahlene Kurkuma

1. Die Okras waschen und gründlich trocken reiben. Vorsichtig die Stielansätze entfernen, ohne die Schote selbst zu beschädigen. Diese anschließend der Länge nach aufschlitzen.

2. Die Chiliflocken, die Koriandersamen, den Kreuzkümmel, nach Belieben das Granatapfelpulver, die Kurkuma, die Kokosraspel, den Zitronensaft und ¼ TL von dem Salz zu einer homogenen Paste verarbeiten. Diese Masala-Paste mithilfe eines Teelöffels in die Okraschoten geben und mit einem Finger sorgfältig hineindrücken. Nicht benötigte Paste beiseitestellen.

3. In einem Wok oder einer großen Pfanne das Öl bei mittlerer Temperatur erhitzen und darin die Zwiebel 30 Sekunden anschwitzen. Dann die gefüllten Okras dazugeben und alles unter Schwenken 5 Minuten braten.

4. Den Deckel auflegen und die Okras bei niedriger Temperatur einige Minuten garen, dabei gelegentlich umrühren. Dann die Paprikastreifen, den Ingwer und das restliche Salz hinzufügen, die Temperatur etwas erhöhen und die Gemüsemischung unter vorsichtigem Rühren 5–7 Minuten braten. Anschließend abgedeckt weitere 5–6 Minuten garen.

5. Die restliche Masala-Paste unter das Gemüse mischen. Den Deckel wieder auflegen und die Okras bei niedriger Temperatur noch 1–2 Minuten garen, bis sie ganz weich und deutlich dunkler geworden sind.

Spinat mit Ingwer, Knoblauch und Mandeln

DIESES BESCHEIDENE, ABER ÜBERRASCHENDE GERICHT IST IN WENIGEN MINUTEN FERTIG. VERWENDEN SIE DAFÜR HOCHWERTIGEN FRISCHEN SPINAT ODER AUCH ZERKLEINERTEN GRÜNKOHL. DIE ÜPPIGE GARNIERUNG HEBT DAS GERICHT AUF EIN HÖHERES LEVEL.

ALS VORSPEISE FÜR 2–4 PORTIONEN | VORBEREITUNGSZEIT: 20 MINUTEN
GARZEIT: 3 MINUTEN

ZUTATEN

1 EL Öl
1 TL fein gehackte Zwiebel
1 große frische rote Chilischote, in feine Ringe geschnitten
Salz
550 g blanchierter frischer Blattspinat, vollständig trocken gepresst und grob gehackt
2 EL süße Sahne

GEWÜRZE

¼ TL gemahlene Kurkuma
¼ TL gemahlener Kreuzkümmel

ZUM SERVIEREN

1 Rezeptmenge knuspriger Ingwer-Knoblauch-Zwiebel-Mix (siehe S. 238)
1 EL Mandelblättchen, leicht geröstet
1 TL flüssiges Ghee

1. In einer Pfanne das Öl erhitzen und darin die Zwiebel 2 Minuten goldbraun anschwitzen.

2. Die Temperatur reduzieren, die Kurkuma zu den Zwiebeln geben und alles etwa 30 Sekunden rösten. Die Chili, den Kreuzkümmel und etwas Salz einrühren, dann den Spinat und die Sahne hinzufügen und alles bei niedriger Temperatur 30 Sekunden erwärmen.

3. Das fertige Gericht mit dem Ingwer-Knoblauch-Zwiebel-Mix und gerösteten Mandelblättchen bestreuen, mit dem flüssigen Ghee beträufeln und servieren.

Gebratener Brokkoli mit Chili und Fenchel

AUF DEN ERSTEN BLICK MAG DIESES REZEPT EHER LANGWEILIG WIRKEN. ABER LASSEN SIE SICH NICHT TÄUSCHEN: DER GEBRATENE BROKKOLI UND DIE INTENSIVE KOMBINATION AUS FENCHEL, KNACKIGEM INGWER UND KNOBLAUCH SORGEN FÜR EIN BEEINDRUCKENDES GESCHMACKSERLEBNIS. AUCH MIT ZUCCHINISPALTEN, SÜSSKARTOFFELSCHEIBEN ODER AUBERGINENSTIFTEN SCHMECKT DIE MISCHUNG GROSSARTIG.

FÜR 4 PORTIONEN | VORBEREITUNGSZEIT: 10 MINUTEN | GARZEIT: 6 MINUTEN

ZUTATEN

1½ EL Öl
600 g Brokkoli, zu langen, fingerdicken Stielen zerteilt
1 große frische rote Chilischote, nach Belieben von Samen befreit und in feine Ringe geschnitten
2 Knoblauchzehen, in feine Scheiben geschnitten
Salz
1 Stück frischer Ingwer (2,5 cm), geschält und in feine Stifte geschnitten

GEWÜRZE

2 TL Fenchelsamen
1 TL Senfsamen

ZUM SERVIEREN

1 Rezeptmenge Kokos-Granatapfelkern-Koriander-Topping (siehe S. 238)
1 Handvoll frisches Koriandergrün, grob zerpflückt

1. In einer großen, tiefen Pfanne bei mittlerer Temperatur das Öl erhitzen und darin die Fenchel- und die Senfsamen rösten, bis sie zu knistern und zu springen beginnen.

2. Den Brokkoli, die Chili und den Knoblauch hinzufügen und braten, bis der Brokkoli leicht gebräunt ist. Dann die Temperatur reduzieren, den Deckel auflegen und die Mischung 4–5 Minuten kochen, bis der Brokkoli bissfest gegart ist. (Alternativ den Brokkoli 1–2 Minuten in kochendem Salzwasser blanchieren, abgießen und erst dann zur Gewürzmischung in die Pfanne geben.) Die Mischung mit Salz abschmecken und den Ingwer unterheben. Alles kurz durchschwenken und heiß werden lassen.

3. Das fertige Gericht mit dem Kokos-Granatapfelkern-Koriander-Topping und frischen Korianderblättchen bestreuen und sofort servieren.

Gegrillte Auberginen mit Chili-Granatapfel-Dressing

DIES IST EINE MODERNE VERSION VON TAWA BAINGAN. DIE AUBERGINENSCHEIBEN WERDEN ZUNÄCHST KNUSPRIG UND GOLDBRAUN ANGEBRATEN UND DANN IN DEM SÜSSSCHARFEN DRESSING EINGELEGT. GENIESSEN SIE DAS GERICHT ALS WARMEN SALAT ODER ALS BEILAGE ZU SCHARFEN CURRYS, FRITTIERTEN TEIGTASCHEN UND WÜRZIGEM FLEISCH ODER GEBRATENEM FISCH. ALTERNATIV KÖNNEN SIE DAS DRESSING AUCH SEPARAT DAZU REICHEN.

FÜR 2 PORTIONEN ALS HAUPTGERICHT ODER 4 PORTIONEN ALS VORSPEISE

VORBEREITUNGSZEIT: 1 STUNDE | GARZEIT: 45 MINUTEN

ZUTATEN

2–3 kleine bis mittelgroße Auberginen, der Länge nach in etwa 1,5 cm dicke Scheiben geschnitten
3–4 TL Salz
2 EL Öl, plus etwas zum Einfetten
2 Schalotten, fein gehackt
1 Knoblauchzehe, sehr fein gehackt
1 EL Zucker
3 EL Sherryessig
1 EL fein gehacktes frisches Koriandergrün
1 EL fein gehackte frische Minze
2–3 EL Granatapfelkerne

GEWÜRZE

1 EL Garam Masala
¼ TL gemahlene Kurkuma
1 TL rote Chiliflocken

1. Die Auberginen mit etwas Salz bestreuen, in ein auf eine Schüssel gehängtes Sieb legen und 30 Minuten ruhen lassen. Anschließend gründlich unter fließend kaltem Wasser abspülen und trocken tupfen.

2. Das Garam Masala und die Kurkuma mit dem Öl in einer kleinen Schüssel zu einer glatten Paste verrühren.

3. Die Schalotten, den Knoblauch, den Zucker, den Essig, die Chiliflocken und 3 EL Wasser in einem kleinen Topf verrühren. Die Mischung aufkochen und 1 Minute köcheln lassen. Dann vom Herd nehmen und vollständig abkühlen lassen. Anschließend das Koriandergrün, die Minze und die Granatapfelkerne unterheben.

4. Die Auberginenscheiben auf beiden Seiten mit der Gewürzpaste einreiben. Eine Grillpfanne stark erhitzen und die Rippen mit Öl einfetten. Die Auberginen hineinlegen und 8–9 Minuten weich und schön braun braten, dabei nach etwa 4 Minuten wenden.

5. Die Auberginenscheiben dekorativ auf einem Teller anrichten und mit dem Dressing beträufeln.

TIPP: Das Salz entzieht den Auberginen einen Teil ihrer Flüssigkeit. Dadurch lassen sie sich später knuspriger braten.

Frische Tomaten mit Curryblättern

DIESES SCHLICHTE, WARME TOMATENGEMÜSE PASST ALS BEILAGE PERFEKT ZU DEN MEISTEN FLEISCH-, GEMÜSE- UND REISGERICHTEN, GEHT ABER AUCH FÜR SICH ALS KÖSTLICHE MAHLZEIT DURCH. DAZU SCHMECKT AM BESTEN NAAN-BROT (SIEHE S. 127) MIT BUTTER ODER KNUSPRIG GERÖSTETES WEISSBROT.

FÜR 2–4 PORTIONEN | VORBEREITUNGSZEIT: 15 MINUTEN | GARZEIT: 15 MINUTEN

ZUTATEN

8 Tomaten, enthäutet, von Samen befreit und geviertelt
1 Zwiebel, fein gehackt
3 Knoblauchzehen, grob gehackt
2 EL Tomatenmark
¼ TL Zucker
2 TL Kokosmilchpulver (nach Belieben)
2 TL Senf- oder anderes Pflanzenöl
8–9 frische Curryblätter
Salz

GEWÜRZE

5 getrocknete Chilischoten, 5 Minuten in 3–4 EL heißem Wasser eingeweicht
¼ TL gemahlene Kurkuma
1 TL gemahlener Zimt
1½ TL Garam Masala
1 großzügige Prise frisch geriebene Muskatnuss
1 TL Senfsamen

ZUM SERVIEREN (NACH BELIEBEN)

1 Rezeptmenge knusprig frittierte Okra (siehe S. 232)
1 EL fein gehacktes frisches Koriandergrün

1. Zunächst 2 EL von den Tomatenstücken, die Zwiebel, den Knoblauch, die Chilischoten samt Einweichwasser, das Tomatenmark, den Zucker, die Kurkuma, den Zimt, das Garam Masala, die Muskatnuss, nach Belieben das Kokosmilchpulver und 25 ml heißes Wasser im Mixer zu einer glatten Paste verarbeiten.

2. In einer großen Pfanne bei mittlerer Temperatur das Öl erhitzen und darin die Senfsamen und die Curryblätter 20 Sekunden anrösten.

3. Die Temperatur reduzieren. Die Tomaten-Kokos-Paste einrühren und alles mit Salz abschmecken. 1–2 Minuten unter Rühren erhitzen.

4. 25–35 ml heißes Wasser angießen und die Mischung abgedeckt 10 Minuten köcheln lassen. Dann die restlichen Tomatenstücke unterheben und 1 Minute erwärmen. Vom Herd nehmen, nach Belieben mit knusprig frittierter Okra und Koriandergrün bestreuen und servieren.

Fisch, Fleisch und Geflügel

KAPITEL 3

Tintenfisch mit Schalotten, Ingwer und Chili

EIN LEIBGERICHT FÜR ALLE FANS VON MEERESFRÜCHTEN: DER GEWÜRZTE TINTENFISCH STROTZT NUR SO VOR DEN SUBTILEN, ABER UNVERKENNBAREN AROMEN DER INDISCHEN DREIFALTIGKEIT AUS SCHALOTTEN, INGWER UND ROTER CHILI UND VERSETZT SIE DIREKT AN DIE KÜSTEN KERALAS, DER WIEGE DER INDISCHEN ZIVILISATION. SERVIEREN SIE DAS BEEINDRUCKENDE GERICHT ALS VORSPEISE, LEICHTES MITTAGESSEN ODER BEIM FESTLICHEN ABENDESSEN MIT GÄSTEN.

FÜR 4 PORTIONEN | VORBEREITUNGSZEIT: 20 MINUTEN | GARZEIT: 15 MINUTEN

ZUTATEN

½ TL Salz
85 g Mehl oder 42 g Maisstärke
150 ml Öl
1 kg frischer Tintenfisch, küchenfertig geputzt, gründlich trocken getupft und samt Tentakeln in breite Streifen geschnitten
8–10 frische Curryblätter
3 Schalotten oder 1 Zwiebel, in feine Ringe geschnitten
65 g frischer Ingwer, geschält und fein geraspelt
1 große frische rote Chilischote, von Samen befreit (nach Belieben) und in feine Ringe geschnitten
2 Tomaten, fein gehackt
Saft von ½ Limette oder Zitrone
1 EL fein gehacktes frisches Koriandergrün

GEWÜRZE

1 großzügige Prise grob zerstoßener schwarzer Pfeffer
1 TL Chilipulver
1 TL gemahlener Kreuzkümmel
1 TL gemahlene Koriandersamen
½ TL gemahlene Kurkuma

1. In einer großen Schüssel alle Gewürze gründlich mit dem Salz und dem Mehl oder der Maisstärke vermischen. Mit trockenen Händen die Tintenfischstücke in der Mischung wenden, bis sie rundherum gleichmäßig umhüllt sind.

2. In einer großen Pfanne oder einem Wok bei mittlerer Temperatur 3 EL von dem Öl erhitzen und darin die Curryblätter zusammen mit den Schalotten oder der Zwiebel 2–3 Minuten braten. Die Temperatur etwas erhöhen, den Ingwer und die Chili hinzufügen und alles unter Rühren goldbraun braten. Mit einem Schaumlöffel aus der Pfanne heben und auf Küchenpapier abtropfen lassen.

3. In derselben Pfanne bei mittlerer Temperatur das restliche Öl erhitzen. Den Tintenfisch darin in zwei Portionen je 3–5 Minuten braten, bis er gar und außen schön knusprig ist. Mit einem Schaumlöffel aus der Pfanne heben und abtropfen lassen.

4. In einer Schüssel den Tintenfisch mit der Schalottenmischung vermengen. Anschließend behutsam die Tomaten unterheben. Das Gericht mit Limetten- oder Zitronensaft beträufeln, mit Koriandergrün bestreuen und servieren.

TIPP: Tintenfisch sollte nicht zu lange gegart werden.

Masala-Lammbraten

AM KNOCHEN GEGARTES FLEISCH HAT DEFINITIV MEHR GESCHMACK, SO AUCH DAS LAMMFLEISCH IN DIESEM KLASSISCHEN REZEPT, EINER EXOTISCH AUFREGENDEN ALTERNATIVE ZUM TRADITIONELLEN SONNTAGSBRATEN. SIE KÖNNEN DEN BRATEN AUCH MIT BUTTERGEMÜSE UND EINEM GRÜNEN SALAT SERVIEREN ODER IN DÜNNE SCHEIBEN GESCHNITTEN IN NAAN-BROT (SIEHE S. 127) WICKELN.

FÜR 4–6 PORTIONEN | VORBEREITUNGSZEIT: 1½ STUNDEN
MARINIERZEIT: 2–8 STUNDEN | GARZEIT: 4 STUNDEN

ZUTATEN

2–2,5 kg Lammkeule oder -schulter am Knochen
500 g Zwiebeln, fein gehackt
3–4 frische grüne Chilischoten
10 Knoblauchzehen, fein gehackt
1 Stück frischer Ingwer (4 cm), geschält und fein gerieben
50 g gemahlene Mandeln
500 g griechischer Joghurt, leicht aufgeschlagen
2 TL Salz
4 EL Öl, plus etwas zum Einfetten des Bräters

GEWÜRZE

2 EL gemahlener Kreuzkümmel
3 EL gemahlene Koriandersamen
1 TL Garam Masala
4 Lorbeerblätter
2 Stück Kassiarinde oder Zimtstange (à 2,5 cm)
13 grüne Kardamomkapseln, leicht zerstoßen
8 Gewürznelken
12 schwarze Pfefferkörner

ZUM SERVIEREN (NACH BELIEBEN)

1 Zitrone, in Spalten geschnitten

1. Die Lammkeule oder -schulter mit einem scharfen Messer rundum mehrmals tief einschneiden und mittig in einen gut eingefetteten Bräter legen.

2. Die Zwiebeln, die Chilischoten, den Knoblauch, den Ingwer und die Mandeln im Mixer zu einer glatten Paste verarbeiten. Bei Bedarf etwas Wasser hinzufügen, damit sie nicht zu fest wird.

3. In einer Schüssel den Joghurt, den Kreuzkümmel, die Koriandersamen, das Garam Masala und das Salz vermischen. Die Zwiebelpaste dazugeben und alles sorgfältig zu einer glatten Marinade verrühren.

4. Das Lammfleisch mit der Marinade übergießen und gründlich mit den Händen einreiben, bis es rundum bedeckt ist. Den Bräter mit Frischhaltefolie abdecken und das Fleisch im Kühlschrank mindestens 2 Stunden, am besten jedoch über Nacht, marinieren.

5. Das Fleisch anschließend auf Zimmertemperatur warm werden lassen. Den Backofen auf 220 °C vorheizen.

6. In einer Pfanne bei mittlerer Temperatur das Öl erhitzen und darin die Lorbeerblätter, Kassiarinde oder Zimtstange, den Kardamom, die Gewürznelken und die Pfefferkörner anrösten, bis sie etwas Farbe annehmen. Die Gewürze auf dem marinierten Fleisch verteilen, etwas Wasser angießen und den Bräter mit Alufolie abdecken.

7. Den Braten in den Ofen schieben und 3–4 Stunden garen, bis sich das Fleisch vom Knochen löst. Dabei nach 30 Minuten der Bratzeit die Temperatur auf 130 °C reduzieren und nach 1–2 Stunden die Alufolie entfernen.

8. Den fertigen Braten 15–20 Minuten ruhen lassen, dann nach Belieben mit Zitronenspalten servieren.

Muscheln in scharfer Ingwer-Kokos-Sauce

ZU DIESEM GERICHT SOLLTEN SIE UNBEDINGT REICHLICH KNUSPRIGES WEISSBROT ZUM TUNKEN SERVIEREN, DENN DIE WÜRZIGE INGWER-KOKOS-SAUCE IST EINFACH UNWIDERSTEHLICH. SIE STROTZT NUR SO VOR EXOTISCHEN AROMEN UND PASST PERFEKT ZU MIESMUSCHELN.

FÜR 4 PORTIONEN | VORBEREITUNGSZEIT: 20 MINUTEN | GARZEIT: 5 MINUTEN

ZUTATEN

4 EL Öl
7 Knoblauchzehen, in feine Scheiben geschnitten
12 frische Curryblätter
60 g frischer Ingwer, geschält und in feine Stifte geschnitten
etwa 1 kg große Miesmuscheln, gewaschen und küchenfertig geputzt
100 ml Gemüsebrühe
120 ml leichte Kokosmilch
Salz

GEWÜRZE

2 ganze getrocknete Chilischoten
1 TL gemahlene Kurkuma
3 TL Garam Masala

ZUM SERVIEREN

1 EL fein gehacktes frisches Koriandergrün
1 Limette, in Spalten geschnitten
Parathas mit Minze (siehe S. 118)

1. In einer großen Pfanne mit schwerem Boden bei mittlerer Temperatur das Öl erhitzen und darin die getrockneten Chilischoten, den Knoblauch und die Curryblätter goldbraun und duftend anbraten.

2. Die Temperatur reduzieren. Die Kurkuma und das Garam Masala in die Pfanne geben und 30 Sekunden unter Rühren rösten.

3. Den Ingwer untermischen und alles 1 weitere Minute braten. Nun die Muscheln hinzufügen und in der Pfanne schwenken, bis sie ganz von der Würzmischung überzogen sind.

4. Die Brühe und die Kokosmilch angießen und die Mischung mit Salz abschmecken. Den Deckel auflegen und die Muscheln in der Sauce 3–4 Minuten köcheln lassen, bis sie sich öffnen. Noch geschlossene Exemplare wegwerfen.

5. Die fertigen Muscheln mit dem Koriandergrün bestreuen und mit Limettenspalten und Parathas servieren.

Hühnchen-Korma

DIESES GERICHT IST AROMATISCH, ABER MILD, UND GILT DESHALB ALS SANFTER EINSTIEG IN DIE INDISCHE KÜCHE. HÜHNCHEN-KORMA IST SO WENIG SCHARF, DASS MAN ES AUCH KINDERN BEDENKENLOS SERVIEREN KANN. DAZU PASSEN DUFTENDER REIS, SALAT UND NAAN-BROT (SIEHE S. 127).

FÜR 4–5 PORTIONEN | VORBEREITUNGSZEIT: 2 STUNDEN
MARINIERZEIT: 2–8 STUNDEN | GARZEIT: 30–60 MINUTEN

ZUTATEN

800 g Hühnchen, zerteilt
150 g Naturjoghurt
1 EL Zitronensaft
4 Knoblauchzehen, sehr fein gehackt
6 EL Öl
2 EL Cashewkerne und 1 EL weiße Mohnsamen, vermischt und in 50 ml heißem Wasser eingeweicht
2 Zwiebeln, grob gehackt
1 Stück frischer Ingwer (5 cm), geschält und grob gehackt
1–2 kleine frische grüne Chilischoten, grob gehackt
1½ TL Salz
3 EL Crème double (nach Belieben)

GEWÜRZE

3 Lorbeerblätter
12 grüne Kardamomkapseln, aufgebrochen
½ TL gemahlene Kurkuma
1½ TL gemahlene Koriandersamen

ZUM SERVIEREN

1 großzügige Prise gemahlener Kreuzkümmel

1. Die Hühnchenteile mit einem scharfen Messer mehrfach einschneiden und in eine große Schüssel geben. 4 EL von dem Joghurt, den Zitronensaft, 2 TL von dem Knoblauch und 1 EL von dem Öl dazugeben und das Fleisch darin wenden, bis es rundum überzogen ist. Die Schüssel abdecken und das Hühnchen mindestens 2 Stunden, am besten jedoch über Nacht, in den Kühlschrank stellen.

2. Die Cashewkerne und die Mohnsamen samt Einweichwasser im Mixer zu einer homogenen Paste verarbeiten. Diese dann mit dem restlichen Joghurt verrühren.

3. In einer großen Pfanne mit schwerem Boden bei mittlerer Temperatur das restliche Öl erhitzen. Die Zwiebeln, den restlichen Knoblauch, den Ingwer und die Chilischoten darin weich und goldbraun braten. Mit einem Schaumlöffel herausnehmen und im Mixer zu einer glatten Paste verarbeiten.

4. Die Zwiebelpaste wieder in die Pfanne geben. Die Lorbeerblätter und den Kardamom hinzufügen und alles bei mittlerer Temperatur 2–3 Minuten braten. Die Kurkuma und die Koriandersamen dazugeben, dann die Mischung salzen und 1 Minute unter Rühren weiterbraten.

5. Die Cashew-Mohn-Paste zu der Würzpaste in die Pfanne geben und alles weitere 2 Minuten unter Rühren braten.

6. Die Hähnchenteile hinzufügen und 5–6 Minuten braten, dabei häufig wenden. Danach bei Bedarf etwas heißes Wasser angießen, den Deckel auflegen und das Fleisch 15–20 Minuten garen. Nach Belieben die Crème double in die Sauce einrühren. Das Gericht mit gemahlenem Kreuzkümmel bestreuen und servieren.

Klassisches Lammfleischcurry

DAS LAMMFLEISCHCURRY, EIN WEITERER FAVORIT DER KÜCHE NORDINDIENS, IST DAS PERFEKTE GERICHT FÜR JEDEN ANLASS UND TRIFFT GARANTIERT DEN GESCHMACK JEDES CURRYFANS. DAS REZEPT IST UNKOMPLIZIERT, ABER AROMENREICH. WIE DIE MEISTEN CURRYS SCHMECKT AUCH DIESES AM NÄCHSTEN TAG FAST NOCH BESSER.

FÜR 4 PORTIONEN | VORBEREITUNGSZEIT: 30 MINUTEN | GARZEIT: 45 MINUTEN

ZUTATEN

1 Stück frischer Ingwer (4 cm), geschält und fein geraspelt
8 Knoblauchzehen, fein gehackt
3 Zwiebeln, fein gehackt
2 kleine frische grüne Chilischoten
125 g gehackte Tomaten aus der Dose
3 EL Öl
2 TL Salz
1 kg Lammfleisch aus der Keule, in 2,5 cm große Würfel geschnitten
2 EL griechischer Joghurt, mit 200 ml Wasser verschlagen
3 EL fein gehacktes frisches Koriandergrün

GEWÜRZE

1 EL Garam Masala
1½ TL gemahlener Kreuzkümmel, plus 1 großzügige Prise zum Bestreuen
1½ TL gemahlene Koriandersamen
½ TL Chilipulver
1 EL gemahlene Kurkuma

1. Den Ingwer, den Knoblauch, die Zwiebeln, die Chilischoten, die gehackten Tomaten und das Öl im Mixer oder Mörser zu einer glatten Paste verarbeiten. Die Paste mit dem Garam Masala, dem Kreuzkümmel, den Koriandersamen, dem Chilipulver, der Kurkuma und dem Salz verrühren.

2. Die Lammfleischstücke zusammen mit der Currypaste in eine große Schüssel geben und so lange wenden, bis sie vollständig umhüllt sind.

3. Das Fleisch in einem Topf mit schwerem Boden zugedeckt bei niedriger Temperatur 30–40 Minuten garen, bis es weich ist und sich das Öl abgesetzt hat. Dabei gelegentlich umrühren.

4. Den Joghurt dazugeben und das Fleisch bei mittlerer Temperatur weitere 5 Minuten garen. Dabei immer wieder umrühren.

5. Das Curry vom Herd nehmen, mit dem gehackten Koriandergrün und einer guten Prise gemahlenem Kreuzkümmel bestreuen und sofort servieren.

Zitronen-Safran-Hühnchen

DIESES KÖSTLICHE, ABER GANZ UNAUFGEREGTE GERICHT GENIESST MAN AM BESTEN MIT FREUNDEN ZU MITTAG. MIT GEDÜNSTETEN GRÜNEN BOHNEN IN TOMATEN-SENF-DRESSING (SIEHE S. 74), EINEM EINFACHEN BLATTSALAT UND GEDÄMPFTEN KARTOFFELN WIRD DARAUS EIN BEEINDRUCKENDES MAHL.

FÜR 3–4 PORTIONEN | VORBEREITUNGSZEIT: 15 MINUTEN
GARZEIT: 1½ STUNDEN

ZUTATEN

2 EL geriebener frischer Ingwer
abgeriebene Schale und Saft von 2 unbehandelten Zitronen
3 Knoblauchzehen, fein gehackt
2–3 EL Pflanzenöl
1 ganzes Brathühnchen (ca. 1,5 kg)
2 TL Salz
2 EL Crème fraîche

GEWÜRZE

1 EL gemahlener Kreuzkümmel
2 EL gemahlene Koriandersamen
5–6 Safranfäden, in 1 TL Milch eingeweicht

FÜR DAS GEWÜRZSÄCKCHEN

1 große Zimtstange
2 Lorbeerblätter
3 Sternanis
4 Kardamomkapseln

1. Den Backofen auf 170–190 °C vorheizen.

2. Den Ingwer, Zitronenschale und -saft, den Knoblauch, den Kreuzkümmel, die Koriandersamen, die eingeweichten Safranfäden mitsamt der Milch und das Öl in einer Schüssel verrühren. Das Hühnchen sorgfältig mit der Mischung einreiben und in einen Bräter mit Deckel legen.

3. Das Gewürzsäckchen und das Salz in den Bräter geben und so viel Wasser angießen, dass das Hühnchen zu etwa einem Drittel bedeckt ist. Den Deckel auflegen.

4. Den Bräter in den Ofen schieben und das Hühnchen 1 Stunde braten. Danach den Deckel abnehmen und weitere 15–25 Minuten fertig garen.

5. Anschließend das Hühnchen aus dem Bräter nehmen. Die Hälfte der Bratflüssigkeit in einen Topf gießen und die Crème fraîche hineinrühren. Die Sauce bei niedriger Temperatur 10–15 Minuten etwa auf die Hälfte einkochen lassen.

6. Zum Servieren das Hühnchen portionsgerecht zerteilen und mit der Sauce übergießen.

TIPP: Nach Belieben können Sie die Gewürze aus dem Säckchen auch direkt in die Sauce geben.

Gebackener Lachs mit Kokosrahm

DIESES REZEPT HAT MIR NETTERWEISE DER UNKONVENTIONELLE KOCH JEEVA JEYASEELAN ÜBERLASSEN. DAS RECHT SIMPLE, ABER DELIKATE GERICHT IST VOLLGEPACKT MIT AROMEN. AUS CRÈME FRAÎCHE, LIMETTENSAFT UND KOKOS ENTSTEHT EINE WUNDERBAR LEICHTE SAUCE, DIE ZU JEDEM FISCH PASST, SOWOHL ZU FILETS ALS AUCH ZU GANZEN FISCHEN FÜR MEHRERE PERSONEN.

FÜR 2 PORTIONEN | VORBEREITUNGSZEIT: 15 MINUTEN | GARZEIT: 15 MINUTEN

ZUTATEN

2 Lachsfilets à ca. 200 g
1 Rezeptmenge würzige Kokos-Rahm-Marinade (siehe S. 246)
¼ Limette zum Auspressen

AUSSERDEM

2 große Bogen (DIN-A4) Backpapier

1. Den Backofen auf 180 °C vorheizen.

2. Die Lachsfilets gleichmäßig mit der Marinade einreiben. Dann jedes Filet mittig auf einen Bogen Backpapier setzen und mit etwas Limettensaft und je 2–3 TL Wasser beträufeln.

3. Das Papier über dem Fisch zusammenführen und die Ränder so verschließen, dass lockere Päckchen entstehen.

4. Beide Päckchen auf ein Backblech legen und im Ofen je nach Dicke der Filets 12–15 Minuten backen.

TIPPS: Öffnen Sie die Päckchen nach dem Garen ganz vorsichtig – der austretende Dampf ist sehr heiß. Lachsreste lassen sich zum Beispiel zu köstlichen Fischfrikadellen verarbeiten.

Lammfleisch-Kofta und Safranrahm

FÜR DIESES TRADITIONELLE GERICHT AUS NORDINDIEN WIRD NORMALERWEISE LAMMHACKFLEISCH VERWENDET, ABER AUCH MIT RINDERHACK SCHMECKT ES GANZ KÖSTLICH. BEREITEN SIE DIE FLEISCHBÄLLCHEN UND DIE SAUCE AM VORTAG SEPARAT VOR, DANN MÜSSEN SIE BEIDES VOR DEM SERVIEREN NUR NOCH KURZ ZUSAMMENFÜGEN UND FERTIG GAREN. DIE LAMMFLEISCH-KOFTAS SIND AUCH FÜR SICH ALLEIN EIN TOLLES GERICHT, DIE KÖSTLICH MIT SAFRAN AROMATISIERTE CRÈME FRAÎCHE VERLEIHT IHNEN ABER NOCH EINEN HAUCH VON GLAMOUR.

FÜR 4 PORTIONEN | VORBEREITUNGSZEIT: 2 STUNDEN
KÜHLZEIT: 1–8 STUNDEN | GARZEIT: CA. 1½ STUNDEN

ZUTATEN

450 g Hackfleisch vom Lamm
2 Zwiebeln, gerieben und in einem Tuch trocken gedrückt oder in einem Sieb ausgedrückt
8 Knoblauchzehen, sehr fein gehackt
4 kleine frische grüne Chilischoten
3 EL geriebener frischer Ingwer
4 EL fein gehacktes frisches Koriandergrün
Salz
4 EL Öl
2 EL Tomatenmark, mit 250 ml heißem Wasser oder Fleischbrühe verrührt
1–2 EL Crème fraîche
1 EL Zitronensaft

GEWÜRZE

2 TL Kreuzkümmel
4 schwarze Kardamomkapseln, aufgebrochen
2 Lorbeerblätter
1 Stück Kassiarinde oder Zimtstange (2,5 cm)
1 großzügige Prise frisch geriebene Muskatnuss
1 EL Garam Masala
1 TL gemahlene Kurkuma
1 kleine Prise Safranfäden, in 1 EL heißem Wasser eingeweicht

1. Das Hackfleisch im Mixer mit der Hälfte der Zwiebeln, vier von den Knoblauchzehen, zwei von den Chilischoten, 1½ EL von dem Ingwer, 2 EL von dem Koriandergrün und 1 TL Salz im Mixer zu einer glatten Masse verarbeiten. Bei Bedarf zwischendurch unterbrechen und die Mischung von den Wänden schaben.

2. Den Hackfleischteig in eine große Schüssel geben und daraus mit feuchten Händen kleine Bällchen formen. Diese auf eine leicht eingefettete Platte setzen, mit Frischhaltefolie abdecken und mindestens 1–2 Stunden, am besten jedoch über Nacht, im Kühlschrank ruhen lassen.

3. In einer Pfanne mit schwerem Boden bei mittlerer Temperatur das Öl erhitzen und darin den Kreuzkümmel, den Kardamom, die Lorbeerblätter und die Kassiarinde oder Zimtstange 20 Sekunden anrösten. Die Temperatur etwas reduzieren, die jeweils restliche Hälfte der Zwiebeln, des Knoblauchs, des Ingwers und der Chilischoten dazugeben und die Mischung etwa 5 Minuten goldbraun braten.

4. Die Muskatnuss, das Garam Masala, die Kurkuma und bei Bedarf noch etwas Salz hinzufügen und alles unter Rühren kurz erhitzen. Die Tomatenmarkmischung angießen und die Sauce aufkochen. Die Fleischbällchen vorsichtig hineingleiten lassen und in der offenen Pfanne 30–35 Minuten garen, bis sie durch sind und die Sauce schön eingedickt ist.

5. In einer kleinen Schüssel den eingeweichten Safran samt Einweichwasser gründlich mit der Crème fraîche und dem Zitronensaft verrühren. Die Fleischbällchen mit dem Safranrahm beträufeln und servieren.

JAMES
RYALS
MADE IN
SHEFFIELD
ENGLAND

Fischfilet in Tamarindensauce

DIE TAMARINDE VERLEIHT DIESEM SAUCENLASTIGEN GERICHT EIN SCHÖNES, PIKANTES AROMA, DAS SICH SEHR GUT MIT EINFACHEM REIS, ROHEM GEMÜSESALAT ODER GEDÜNSTETEM GEMÜSE VERTRÄGT.

FÜR 4–5 PORTIONEN | VORBEREITUNGSZEIT: 30 MINUTEN
MARINIERZEIT: 1 STUNDE | GARZEIT: 40 MINUTEN

ZUTATEN

5 Fischfilets (z. B. Heilbutt, Kabeljau oder Schellfisch) à ca. 200 g (2,5 cm dick)
1 Rezeptmenge scharf-würzige Kokos-Tamarinden-Marinade (siehe S. 247)
3 EL Öl
8–10 frische Curryblätter
2 frische grüne Chilischoten, der Länge nach aufgeschlitzt
2 Zwiebeln, grob gehackt
1 TL Ingwer-Knoblauch-Paste (ca. 20 g, siehe S. 231)
1 große Tomate, fein gehackt
240 ml Kokosmilch aus der Dose
Salz

GEWÜRZE

1½ TL schwarze Senfsamen
frisch gemahlener schwarzer Pfeffer
½ TL gemahlener Kreuzkümmel

1. Die Fischstücke in eine große, flache Schale legen und gründlich in der Marinade wenden. Abdecken und 1 Stunde marinieren.

2. In einer tiefen Pfanne bei mittlerer Temperatur das Öl erhitzen. Die Curryblätter, die Senfsamen und die Chilischoten darin anbraten, bis es nicht mehr spritzt. Die Zwiebeln und die Ingwer-Knoblauch-Paste dazugeben und alles bei niedriger Temperatur 6–8 Minuten braten, bis die Paste Farbe annimmt. Die gehackte Tomate hinzufügen und alles unter Rühren weitere 3–4 Minuten anschwitzen, bis sich die Zwiebeln goldbraun färben.

3. Den Fisch aus der Marinade nehmen und diese in die Tomatenmischung einrühren. Die Sauce bei mittlerer Temperatur aufkochen lassen. Dann die Kokosmilch unterrühren und die Mischung mit Salz, Pfeffer und Kreuzkümmel würzen. Die Temperatur etwas reduzieren und die Sauce köcheln lassen, bis sich an an der Oberfläche Öl absetzt. Die Fischstücke hineingeben und 12–15 Minuten garen, bis sie mit der Gabel leicht zu zerteilen sind. Nicht oder nur sehr behutsam umrühren, um die Fischfilets nicht zu beschädigen.

TIPP: Vor dem Garen in mundgerechte Würfel geschnitten, braucht der Fisch nur 5–6 Minuten.

Rindfleisch-Kartoffel-Curry

EIN LANGSAM VOR SICH HIN KÖCHELNDES CURRY MIT EINER INTERESSANTEN GEWÜRZKOMBINATION IST GENAU DAS RICHTIGE, UM SICH AN EINEM FROSTIGEN TAG AUFZUWÄRMEN. SERVIEREN SIE DAZU NAAN-BROT (SIEHE S. 127) SOWIE JOGHURT MIT SPINAT UND MINZE (SIEHE S. 196). DAS GERICHT WIRD JEDEN FLEISCHLIEBHABER BEGEISTERN UND EIGNET SICH PERFEKT FÜR EIN ZWANGLOSES ESSEN MIT FREUNDEN ODER DER FAMILIE.

FÜR 4 PORTIONEN | VORBEREITUNGSZEIT: 35 MINUTEN
GARZEIT: 2 STUNDEN 10 MINUTEN

ZUTATEN

- 400 ml Kokosmilch aus der Dose
- 25 g gemahlene Mandeln
- 1 EL Tomatenmark
- 3 Zwiebeln, fein gehackt
- 8 kleine frische grüne Chilischoten, fein gehackt
- 1 Stück frischer Ingwer (2,5 cm), geschält und fein geraspelt
- 4 Knoblauchzehen, sehr fein gehackt
- 3 EL Ghee oder Öl
- 1 kg Rindfleisch zum Schmoren, in 2,5 cm große Würfel geschnitten
- 2 TL Salz
- 1 Kartoffel, geschält und in große Würfel geschnitten

GEWÜRZE

- 1½ EL Garam Masala
- 1 EL gemahlene Kurkuma
- 4 grüne Kardamomkapseln, leicht aufgebrochen
- 4 Gewürznelken
- 2 Lorbeerblätter
- 1 Stück Kassiarinde oder Zimtstange (5 cm)
- 1 TL Fenchelsamen

1. Die Kokosmilch, die Mandeln und das Tomatenmark in einer kleinen Schüssel zu einer glatten Paste verrühren und beiseitestellen.

2. Die Zwiebeln, die Chilischoten, das Garam Masala, die Kurkuma, den Ingwer und den Knoblauch im Mörser zu einer glatten Masse verarbeiten.

3. In einer großen Pfanne mit schwerem Boden bei mittlerer Temperatur das Ghee oder Öl erhitzen und darin den Kardamom, die Nelken, die Lorbeerblätter, Kassiarinde oder Zimt sowie die Fenchelsamen etwa 1 Minute anrösten. Sobald die Gewürze zu knistern beginnen, die Zwiebelpaste dazugeben und alles bei niedriger Temperatur 3–4 Minuten braten, bis sich das Öl absetzt und sich die Paste goldbraun färbt.

4. Die Fleischwürfel unterheben, die Temperatur etwas erhöhen und das Fleisch 10–12 Minuten braten, bis die Flüssigkeit verdampft ist und das Fleisch zu bräunen beginnt. Dabei gelegentlich umrühren.

5. Die Kokospaste und Salz dazugeben und alles gründlich verrühren, bis das Fleisch vollständig von der Sauce bedeckt ist. Die Mischung 4–5 Minuten erhitzen, dabei gelegentlich umrühren. Anschließend den Deckel auflegen und das Curry 75–80 Minuten sanft köcheln lassen.

6. Danach die Kartoffelwürfel hinzufügen, den Deckel wieder auflegen und alles weitere 30 Minuten köcheln, bis das Fleisch weich und die Kartoffel durchgegart ist. Das Curry vom Herd nehmen und vor dem Servieren abgedeckt 15–20 Minuten ruhen lassen.

Garnelencurry

KÖSTLICHES MIT KICK AUS SÜDINDIEN: DIESES POTENZIELLE LEIBGERICHT ALLER LIEBHABER VON MEERESFRÜCHTEN IST IDEAL FÜR KALTE WINTERABENDE ODER ALS LEICHTES MITTAGESSEN IM SOMMER.

FÜR 4 PORTIONEN | VORBEREITUNGSZEIT: 20 MINUTEN | GARZEIT: 15 MINUTEN

ZUTATEN

450 g frische Garnelen, geschält und küchenfertig geputzt
Saft von 1 Limette
3 EL Öl
7–8 frische Curryblätter
½ Zwiebel, fein gehackt
3 Knoblauchzehen, fein zerdrückt
2 TL geriebener frischer Ingwer
55 g Kokoscreme
1 TL Salz
Saft von ½ Zitrone

GEWÜRZE

1 Stück Zimtstange (5 cm)
½ TL Bockshornkleesamen
½ TL gemahlene Kurkuma
1 TL Chilipulver

1. Die Garnelen in eine Schüssel geben, mit dem Limettensaft beträufeln und 5 Minuten ruhen lassen. Anschließend unter fließend kaltem Wasser abwaschen und mit Küchenpapier trocken tupfen.

2. In einem mittelgroßen Topf das Öl erhitzen. Dann die Temperatur reduzieren und die Zimtstange und die Curryblätter ein paar Sekunden im Öl schwenken. Die Bockshornkleesamen dazugeben und 1 Minute rösten, bis sie sich dunkelbraun färben. Die Zwiebel hinzufügen und goldbraun braten. Dann den Knoblauch und den Ingwer untermischen und alles 1 weitere Minute braten.

3. Die Temperatur reduzieren. Zunächst die Kurkuma einstreuen und 1 Minute rösten. Dann die Kokoscreme, das Chilipulver, 125 ml Wasser und das Salz unterrühren. Die Mischung langsam aufkochen, dann die Temperatur noch weiter reduzieren und die Sauce köcheln lassen, bis sich die Kokoscreme aufgelöst hat.

4. Die Garnelen in die Sauce geben, das Curry nochmals aufkochen und dann 5–7 Minuten sanft köcheln lassen. Anschließend vom Herd nehmen und den Zitronensaft einrühren.

TIPP: Wenn Sie bereits gegarte Garnelen verwenden, sollten Sie diese erst kurz vor dem Servieren in die köchelnde Sauce geben und nur heiß werden lassen.

Butterhühnchen

DIESES GERICHT WURDE VOR ÜBER 40 JAHREN IN EINEM SPEISELOKAL IN NEU-DELHI ERFUNDEN UND HAT INZWISCHEN IM GANZEN LAND KULTSTATUS ALS EINES DER BELIEBTESTEN FLEISCHHALTIGEN CURRYS ERLANGT. VERWÖHNEN SIE SICH UND IHRE GÄSTE MIT DIESEM ÜPPIGEN, SCHMACKHAFTEN GEFLÜGELCURRY, AM BESTEN BEGLEITET VON NAAN-BROT (SIEHE S. 127) ODER AROMATISIERTEM REIS.

FÜR 4 PORTIONEN | VORBEREITUNGSZEIT: 30 MINUTEN | GARZEIT: 20 MINUTEN

ZUTATEN

4 EL Öl
2 Zwiebeln, grob gehackt
4 Knoblauchzehen, grob gehackt
1 Stück frischer Ingwer (5 cm), geschält und grob gehackt
1 TL Salz
2 EL passierte Tomaten
2 EL Kokosmilchpulver
1 EL gemahlene Mandeln
¼ TL brauner Zucker
418 g Hühnchen-Tikka (siehe S. 48)
2 EL Crème double
1 TL flüssiges Ghee

GEWÜRZE

2 schwarze Kardamomkapseln, leicht aufgebrochen
4 grüne Kardamomkapseln, leicht aufgebrochen
1 TL gemahlene Kurkuma
1 TL Garam Masala
½–1 TL Chilipulver

TIPP

Sie können auch rohe Hühnerkeulen verwenden. Diese dann bei geschlossenem Deckel 20 Minuten garen.

1. In einer Pfanne bei mittlerer Temperatur 2 EL von dem Öl erhitzen und darin die Zwiebeln, den Knoblauch und den Ingwer 3–4 Minuten goldbraun braten. Die Mischung etwas abkühlen lassen und im Mixer zu einer glatten Masse pürieren.

2. In der gleichen Pfanne das restliche Öl bei mittlerer Temperatur erhitzen und darin den schwarzen und den grünen Kardamom etwa 30 Sekunden leicht anrösten, dann sofort die Zwiebelpaste hinzufügen. Die Temperatur reduzieren, die Kurkuma, das Garam Masala, das Salz und das Chilipulver einrühren und die Mischung 1 Minute unter Rühren braten. Vom Herd nehmen.

3. Im Mixer die passierten Tomaten, das Kokosmilchpulver, die Mandeln, den Zucker und 4 EL Wasser zu einer glatten Masse verarbeiten. Diese zu den anderen Zutaten in die Pfanne gießen und unterrühren. Die Pfanne wieder auf den Herd stellen und alles bei niedriger Temperatur 3–5 Minuten köcheln lassen. Die gegarten Hühnchen-Tikka-Stücke dazugeben und 3–4 Minuten erhitzen. Die Crème double einrühren und die Mischung weitere 2 Minuten kochen.

4. Das fertige Curry mit etwas flüssigem Ghee beträufeln und mit Reis oder Naan-Brot servieren.

Brot, Reis und Kartoffeln

KAPITEL 4

Parathas mit Minze

DIESE ERFRISCHENDE PARATHA-VARIANTE PASST ZU GEWÜRZTEM JOGHURT EBENSO GUT WIE ZU FLEISCH- UND GEMÜSEGERICHTEN. WIE ALLE PARATHAS SCHMECKT SIE WARM AM BESTEN.

FÜR 4 PORTIONEN | VORBEREITUNGSZEIT: 45 MINUTEN
BACKZEIT: 3–4 MINUTEN PRO STÜCK

ZUTATEN

50 g frische Blättchen Minze, fein gehackt
½ TL Salz
Mehl zum Bestäuben
1 Rezeptmenge Teig für einfaches Naan-Brot (siehe S. 127)
4 EL flüssiges Ghee, zerlassene Butter oder Öl
1 EL getrocknete Minze

GEWÜRZE

2 TL gemahlener Kreuzkümmel
1 TL frisch gemahlener schwarzer Pfeffer
¼ TL Ajowan (nach Belieben)

ZUM SERVIEREN

1 kleine Prise Chat Masala pro Paratha

1. Im Mörser die frische Minze mit dem Kreuzkümmel, dem Pfeffer, dem Salz und nach Belieben dem Ajowan zu einer groben Paste zerstoßen.

2. Eine flache Grill- oder Bratpfanne auf dem Herd auf mittlere Temperatur vorheizen.

3. Den Naan-Teig in 10 gleich große Stücke teilen und diese zu Kugeln formen. Die Teigbälle auf einer bemehlten Arbeitsfläche flach drücken, mit etwas Mehl bestäuben und zu Fladen mit etwa 12 cm ø ausrollen. Diese mit etwas Ghee, Butter oder Öl bestreichen und mit etwas Mehl bestäuben.

4. Auf jedem Fladen 1 gehäuften TL von der Minzemischung verstreichen.

5. Nun den Fladen auf einer Seite anheben und wie einen Fächer in mehreren Falten zusammenlegen. Die so entstandene Teigstange zusammenklappen und wieder zur Kugel rollen. Diese ein wenig flach drücken, mit Mehl bestäuben und zu einem großen, dünnen Fladen ausrollen. Bei Bedarf mit mehr Mehl bestäuben.

6. Ein ausgerolltes Paratha vorsichtig von der Arbeitsfläche lösen, in die heiße Pfanne legen und die Temperatur etwas erhöhen. Das Paratha sollte sich sofort aufblähen. Nach etwa 30 Sekunden wenden, mit etwas Wasser bestreichen und mit einer Prise getrockneter Minze bestreuen. Mit dem Pfannenwender sanft flach drücken und 1 Minute backen, dann erneut wenden und mit Ghee, Butter oder Öl bestreichen. Nochmals wenden und 30 Sekunden in der Pfanne schwenken. Noch einmal mit Ghee, Butter oder Öl bestreichen. Mit den restlichen Fladen ebenso verfahren. Die Fladen heiß servieren.

TIPP: Im Voraus gebackene Parathas vor dem Servieren einzeln in einer heißen Pfanne aufbacken.

Parathas mit Ajowan-Fenchel-Chili-Butter

NORMALERWEISE ISST MAN PARATHAS ZUM FRÜHSTÜCK ODER BRUNCH, HÄUFIG ZU MASALA-RÜHREI (SIEHE S. 70) UND EINEM GLAS WARMEM MASALA CHAI (SIEHE S. 212).

FÜR 6–8 STÜCK | VORBEREITUNGSZEIT: 45 MINUTEN
BACKZEIT: 3–4 MINUTEN PRO STÜCK

ZUTATEN
½ TL Salz
Mehl zum Bestäuben
1 Rezeptmenge Teig für einfaches Roti-Brot (siehe S. 126)
2 EL flüssiges Ghee

GEWÜRZE
¼ TL Ajowan
¼ TL rote Chiliflocken
¼ TL Fenchelsamen

1. Im Mörser den Ajowan, die Chiliflocken und die Fenchelsamen zusammen mit dem Salz zu einer glatten Mischung verarbeiten.

2. Eine flache Grill- oder Bratpfanne auf dem Herd auf mittlere Temperatur vorheizen.

3. Den Roti-Teig in 8 gleich große Stücke teilen und diese zu Kugeln formen. Die Teigbälle auf einer bemehlten Arbeitsfläche flach drücken, mit etwas Mehl bestäuben und zu Fladen mit etwa 12 cm ø ausrollen. Diese mit etwas Ghee bestreichen.

4. Jeden Teigfladen mit ein paar großzügigen Prisen von der Gewürzmischung bestreuen. Den Teig von einer Seite zur Mitte einschlagen, etwas flach drücken und die Oberfläche mit Ghee bestreichen. Dann den Teig von der anderen Seite daraufklappen, das Teigpäckchen nochmals flach drücken und die Oberfläche wiederum mit Ghee bestreichen. Nun den unteren Rand nach oben und den oberen Rand nach unten falten und die entstehenden Oberflächen jeweils mit Ghee einpinseln. Das so entstandene quadratische Teigpäckchen mit Mehl bestäuben und mit der Teigrolle zu einem großen, dünnen Quadrat ausrollen.

5. Ein ausgerolltes Paratha vorsichtig von der Arbeitsfläche lösen, in die heiße Pfanne legen und die Temperatur etwas erhöhen. Das Paratha sollte sich sofort aufblähen. Nach 30–60 Sekunden wenden, mit dem Pfannenwender sanft flach drücken und 1 Minute backen, dann erneut wenden und mit Ghee bestreichen. Nochmals wenden und 30 Sekunden in der Pfanne schwenken. Mit den restlichen Fladen ebenso verfahren. Die Fladen heiß servieren.

VARIANTE: Für neutrale Parathas den Teig nur mit Salz würzen.

Parathas mit Rettich und Zwiebeln

FÜR DIESES »ALLES-IN-EINEM«-BROT SIND ETWAS AUFWAND UND GESCHICK NÖTIG – ABER DIE MÜHE LOHNT SICH. DER TEIG UMHÜLLT DAS MASALA AUS RAFFINIERT GEWÜRZTEM DAIKON, DER DADURCH ZART UND SÜSSLICH BLEIBT. DIESE PARATHAS SIND IDEAL FÜR EINEN BRUNCH ODER EIN PICKNICK, WEIL SIE HEISS ZWAR GANZ WUNDERBAR SCHMECKEN, ABER AUCH KALT NICHTS VON IHREM GESCHMACK EINBÜSSEN.

FÜR 6–8 STÜCK | VORBEREITUNGSZEIT: 1 STUNDE
BACKZEIT: 3–5 MINUTEN PRO STÜCK

ZUTATEN

230 g Daikon-Rettich, in lange Streifen gehobelt und in einem Geschirrtuch trocken gepresst
½ kleine rote Zwiebel, fein gehackt und in einem Geschirrtuch trocken gepresst
½ frische grüne Chilischote, fein gehackt
1 Stück frischer Ingwer (2,5 cm), geschält und fein gerieben oder gehackt
2 EL fein gehacktes frisches Koriandergrün
1 Rezeptmenge Teig für einfaches Roti-Brot (siehe S. 126)
Mehl zum Bestäuben
1 TL Salz
2 EL flüssiges Ghee

GEWÜRZE

½ TL Granatapfelpulver
½ TL Ajowan
1 EL Bockshornkleeblätter
1 TL Garam Masala
1 TL gemahlener Kreuzkümmel

1. In einer Schüssel den Rettich, die Zwiebel, die Chilischote, den Ingwer, das Koriandergrün, das Granatapfelpulver, den Ajowan, die Bockshornkleeblätter, das Garam Masala und den Kreuzkümmel vermischen.

2. Eine beschichtete Pfanne mit schwerem Boden oder eine Crêpespfanne auf hohe Temperatur erhitzen.

3. Den Roti-Teig in 6–8 gleich große Stücke teilen und diese zu Kugeln formen. Die Teigbälle auf einer bemehlten Arbeitsfläche flach drücken, mit etwas Mehl bestäuben und zu Fladen mit etwa 12 cm ø ausrollen.

4. In die Mitte jedes Fladens 1 gehäuften EL von der Daikon-Mischung geben. Jeweils mit 1 großzügigen Prise Salz bestreuen. Den Teig an den Rändern hochziehen und in der Kreismitte zusammendrücken, bis die Füllung vollständig bedeckt ist. Die Teigballen mit Mehl bestäuben, flach drücken und erneut vorsichtig zu großen, dünnen Fladen ausrollen.

5. Ein Paratha vorsichtig von der Arbeitsfläche lösen, in die heiße Pfanne legen und die Temperatur etwas erhöhen. Das Paratha sollte sich sofort aufblähen. Nach 30–60 Sekunden wenden, mit dem Pfannenwender sanft flach drücken und 1 Minute backen, dann erneut wenden und mit Ghee bestreichen. Nochmals wenden und 30 Sekunden in der Pfanne schwenken. Mit den restlichen Fladen ebenso verfahren. Warm oder kalt servieren.

2"

Parathas mit Blumenkohl, Kreuzkümmel und Frühlingszwiebeln

KNUSPRIGE PARATHAS MIT EINER FÜLLUNG AUS FEIN GERIEBENEM BLUMENKOHL, FRÜHLINGSZWIEBELN UND GERÖSTETEM KREUZKÜMMEL SIND EINE SÄTTIGENDE OPTION ZUM BRUNCH, MITTAGESSEN ODER ALS SNACK. SERVIEREN SIE DAZU NATURJOGHURT, GEWÜRZT MIT EINER PRISE CHAT MASALA.

FÜR 4 PORTIONEN | VORBEREITUNGSZEIT: 1 STUNDE
BACKZEIT: 3–5 MINUTEN PRO STÜCK

ZUTATEN

150 g Blumenkohl, fein geraspelt
2 Frühlingszwiebeln, in feine Ringe geschnitten
1 Stück frischer Ingwer (2 cm), geschält und fein gerieben
½ kleine frische rote Chilischote, von den Samen befreit (nach Belieben) und fein gehackt
2 EL fein gehacktes frisches Koriandergrün
1 Rezeptmenge Teig für einfaches Roti-Brot (siehe S. 126)
Mehl zum Bestäuben
1 TL Salz
2 EL flüssiges Ghee

GEWÜRZE

¾ EL Bockshornkleeblätter
1 TL Kreuzkümmelsamen, geröstet und fein zerstoßen
1 TL Garam Masala

1. Den Blumenkohl, die Frühlingszwiebeln, den Ingwer, die Chilischote, das Koriandergrün, die Bockshornkleeblätter, den Kreuzkümmel und das Garam Masala in einer Schüssel gründlich vermischen.

2. Eine beschichtete Pfanne mit schwerem Boden oder eine Crêpespfanne auf mittlere Temperatur vorheizen.

3. Den Roti-Teig in 6–8 gleich große Stücke teilen und diese zu Kugeln formen. Die Teigbälle auf einer bemehlten Arbeitsfläche flach drücken, mit etwas Mehl bestäuben und zu Fladen mit etwa 12 cm ø ausrollen.

4. In die Mitte jedes Fladens 1 gehäuften EL von der Blumenkohlmischung geben und salzen. Den Teig an den Rändern hochziehen und in der Kreismitte zusammendrücken, bis die Füllung vollständig bedeckt ist. Die Teigballen mit Mehl bestäuben, flach drücken und erneut vorsichtig zu großen, dünnen Fladen ausrollen.

5. Ein Paratha vorsichtig von der Arbeitsfläche lösen, in die heiße Pfanne legen und die Temperatur etwas erhöhen. Das Paratha sollte sich sofort aufblähen. Nach 30–60 Sekunden wenden, mit dem Pfannenwender sanft flach drücken und 1 Minute backen, dann erneut wenden und mit Ghee bestreichen. Nochmals wenden und 30 Sekunden in der Pfanne schwenken. Mit den restlichen Fladen ebenso verfahren. Noch warm servieren.

EINFACHES

Roti-Brot

ROTI IST EIN EHER ALLTÄGLICHES INDISCHES FLADENBROT, WÄHREND NAAN DAS WOHL BELIEBTESTE IST, INSBESONDERE AUSSERHALB INDIENS. ROTI IST DÜNNER, ENTHÄLT KEINE HEFE UND WIRD IN EINER FLACHEN GRILLPFANNE GEBACKEN.

FÜR 6–8 STÜCK | VORBEREITUNGSZEIT: 20–25 MINUTEN
RUHEZEIT: 20–25 MINUTEN | BACKZEIT: 2 MINUTEN PRO SEITE

HILFSMITTEL

GROSSE SCHÜSSEL
MESSBECHER
TEIGROLLE
FLACHE GRILLPFANNE
BACKPINSEL

1

360 g Weizenvollkorn-/Atta-/Chapati-Mehl oder 220 g Weizenmehl, gemischt mit 1 TL Backpulver, in eine große Schüssel sieben.

2

Das Mehl mit 1 EL Öl beträufeln und in die Mitte eine Mulde drücken. Mit einer Hand esslöffelweise 125 ml kaltes Wasser (bei Bedarf mehr) in die Mulde gießen. Gleichzeitig mit der anderen Hand mit einer Gabel das Wasser mit dem Mehl verrühren. Nach und nach so viel Wasser in das Mehl einarbeiten, dass ein weicher, aber nicht klebriger Teig entsteht. Ist er zu feucht, mehr Mehl einarbeiten, ist er zu trocken, mehr Wasser.

3

Den Teig mit den Händen etwa 5 Minuten glatt und geschmeidig kneten. Dann zu einem Ballen formen und diesen abgedeckt 20–25 Minuten ruhen lassen.

4

Den Teig in 6–8 gleich große Portionen teilen und diese zu Kugeln formen. Jede Kugel mit der Teigrolle zu einem großen, dünnen Fladen ausrollen.

5

Den Fladen vorsichtig von der Arbeitsfläche lösen und in die heiße Pfanne legen. Eine Seite halb durchbacken, dann den Fladen mithilfe einer Zange wenden und von der anderen Seite backen, bis sich braune Flecken bilden. Erneut wenden und fertig backen, bis sich das Roti aufbläht. Aus der Pfanne nehmen und mit 1–2 EL flüssigem Ghee oder zerlassener Butter bestreichen. Warm servieren.

EINFACHES

Naan-Brot

NAAN IST EIN WEICHES, LEICHTES, UNGESÄUERTES FLADENBROT MIT HEFE, DAS TRADITIONELL IM LEHMOFEN GEBACKEN WIRD. SOWOHL NAAN ALS AUCH ROTI EIGNEN SICH PERFEKT FÜR WRAPS UND ALS BEILAGE ZU CURRYS.

FÜR 8–10 STÜCK | VORBEREITUNGSZEIT: 1 STUNDE
RUHEZEIT: 20–25 MINUTEN | BACKZEIT: 4–6 MINUTEN PRO STÜCK

HILFSMITTEL

GROSSE SCHÜSSEL
MESSBECHER
TEIGROLLE
BACKBLECH
BACKPINSEL

1

In einer kleinen Schüssel 1 Tütchen Trockenhefe (7 g), nach Belieben 1 TL Rohrohrzucker und 200 ml warmes Wasser mit einer Gabel gründlich verrühren und die Mischung dann ein paar Minuten ruhen lassen. 400 g Weißbrotmehl (Type 550), 2 EL flüssiges Ghee oder Öl und ¼ EL feines Meersalz in eine große Schüssel geben und in die Mitte eine Mulde drücken.

2

Mit einer Hand langsam in kleinen Portionen die Hefemischung in die Mulde gießen, dabei mit der anderen Hand mithilfe einer Gabel die Flüssigkeit in das Mehl einarbeiten. Sobald die Hefemischung vollständig eingerührt wurde, mit Wasser weiterarbeiten. Die Hände mit Mehl bestäuben und den Teig unter Zugabe von Wasser kneten, bis er weich, aber nicht klebrig ist. Anschließend weitere 5 Minuten glatt und geschmeidig kneten. Abgedeckt 20–25 Minuten ruhen lassen.

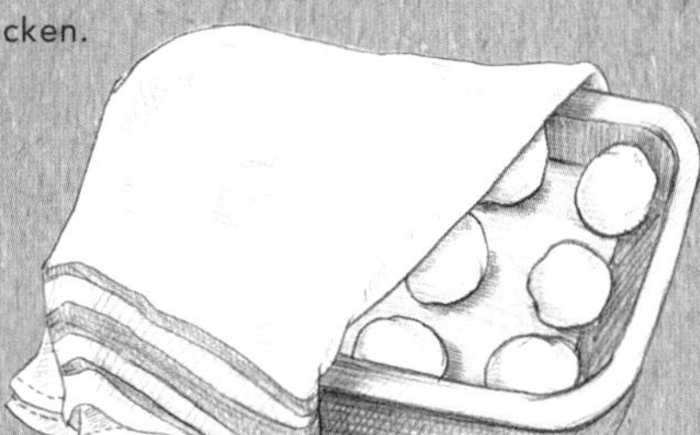

3

Mit leicht eingeölten Händen den Teig in 8–10 gleich große Portionen teilen und jede zu einer Kugel formen. Diese mit genügend Abstand auf ein leicht eingefettetes Backblech legen und mit einem feuchten Geschirrtuch abdecken. An einem warmen Ort etwa 20 Minuten gehen lassen, bis sie ihre Größe verdoppelt haben.

4

Ein schweres Backblech in die oberste Schiene des Backofens schieben. Den Backofengrill auf mittlere Temperatur vorheizen. Auf einer bemehlten Arbeitsfläche die Teigkugeln zu gleichmäßig dünnen Fladen ausrollen. Einen Fladen auf das Backblech legen, mit etwas Wasser bestreichen und auf jeder Seite 1–2 Minuten backen, bis die Oberfläche leicht gebräunt ist und sich das Naan etwas aufgebläht hat. Anschließend mit flüssigem Ghee bepinseln. Auf die gleiche Weise den gesamten Teig verarbeiten. Das Brot warm servieren.

Naan mit gemischten Samen

DIE VERSCHIEDENEN SAMEN IN DIESEM REZEPT ERWECKEN DAS NAAN ZUM LEBEN! ARBEITEN SIE RUHIG AUCH EINMAL SCHWARZE MOHNSAMEN, BOCKSHORNKLEEBLÄTTER, TROCKENFRÜCHTE ODER FEIN GEHACKTE NÜSSE IN DEN TEIG EIN. TRADITIONELL WIRD NAAN MEIST IN BLATTFORM GEBACKEN, SIE KÖNNEN DEN TEIG ABER NATÜRLICH BELIEBIG FORMEN.

FÜR 8–10 STÜCK | VORBEREITUNGSZEIT: 1 STUNDE
BACKZEIT: 4–5 MINUTEN PRO STÜCK

ZUTATEN

Zutaten für 1 Rezeptmenge einfaches Naan-Brot (siehe S. 127)
flüssiges Ghee zum Bestreichen

GEWÜRZE

1 TL Kümmel
¼ TL Ajowan (nach Belieben)
1 TL Fenchelsamen
½ EL Sesamsamen
½ EL Schwarzkümmel

1. Im Mörser oder mit der Teigrolle auf der Arbeitsfläche den Kümmel, den Ajowan und die Fenchelsamen leicht zerstoßen. Die zerkleinerten Gewürze dann zusammen mit den trockenen Zutaten für das Naan-Brot in eine große Schüssel geben und alles weiter verarbeiten, wie in den Arbeitsschritten 1–3 auf Seite 127 angegeben.

2. Vor dem Backen jedes Naan mit einer großzügigen Prise Sesamsamen und Schwarzkümmel bestreuen. Wie auf S. 127 beschrieben backen, mit Ghee bestreichen und warm servieren.

TIPP: Diese Naans lassen sich sehr gut einfrieren. Dafür vor dem Backen weder mit Sesam und Schwarzkümmel bestreuen noch mit Ghee bestreichen. Durch Backpapierblätter getrennt schichten und in einem geeigneten Behälter ins Tiefkühlfach geben. Innerhalb eines Monats aufbrauchen.

Gemüse-Roti

ANDERS ALS BEI GEFÜLLTEN PARATHAS WERDEN IN DIESEM REZEPT DAS KLEIN GEHACKTE GEMÜSE UND DIE GEWÜRZE EINFACH MIT IN DEN TEIG EINGEKNETET. VERSUCHEN SIE DAS RUHIG AUCH EINMAL MIT SELLERIE, BROKKOLI, KOHL, DAIKON-RETTICH ODER KARTOFFELN.

FÜR 6–8 STÜCK | VORBEREITUNGSZEIT: 1 STUNDE
RUHEZEIT: 20–25 MINUTEN | BACKZEIT: 3–4 MINUTEN PRO STÜCK

ZUTATEN

115 g Karotten, grob gehackt
115 g Blumenkohl, grob gehackt
100 g Spinat, grob gehackt
57 g Lauch, grob gehackt
1 Stück frischer Ingwer (2,5 cm), geschält und grob gehackt
½ kleine frische grüne Chilischote, von den Samen befreit (nach Belieben) und in feine Ringe geschnitten
2 EL grob gehacktes frisches Koriandergrün
Zutaten für 1 Rezeptmenge einfaches Roti-Brot (siehe S. 126)
1 TL Sesamsamen
1 TL Salz
Mehl zum Bestäuben
2 EL flüssiges Ghee zum Bestreichen

GEWÜRZE

½ TL Ajowan
¼ TL gemahlene Kurkuma
1½ TL Garam Masala
1 EL Bockshornkleeblätter

1. Die Karotten, den Blumenkohl, den Spinat, den Lauch, den Ingwer, die Chilischote und das Koriandergrün im Mixer zu einer groben Mischung verarbeiten.

2. Das Mehl für den Teig in eine Schüssel sieben (siehe Schritt 1, Seite 126). Das geraspelte Gemüse sowie die Sesamsamen, die Gewürze und das Salz dazugeben und alles verkneten, bis das Mehl alle Flüssigkeit aufgenommen hat. Dann während des Knetens nach und nach Wasser einarbeiten (siehe Schritt 2, Seite 126), bis ein glatter, geschmeidiger Teig entstanden ist. Diesen abgedeckt 20–25 Minuten ruhen lassen.

3. Eine beschichtete Pfanne mit schwerem Boden oder eine Crêpepfanne bei mittlerer Temperatur erhitzen. Den Teig in 6–8 gleich große Stücke teilen und diese zu Kugeln formen. Jede Kugel mit der Teigrolle zu einem gleichmäßig dünnen Fladen ausrollen.

4. Den Fladen vorsichtig von der Arbeitsfläche lösen und in die heiße Pfanne legen. Eine Seite halb durchbacken, dann den Fladen mithilfe einer Zange wenden und von der anderen Seite backen, bis sich braune Flecken bilden. Erneut wenden und fertig backen, bis sich das Roti aufbläht. Aus der Pfanne nehmen und mit 1–2 EL flüssigem Ghee oder zerlassener Butter bestreichen. Mit den restlichen Teigfladen ebenso verfahren. Warm servieren.

Naan mit Zwiebel-Koriander-Füllung

DIESES MIT ZWIEBELN UND FRISCHEM KORIANDERGRÜN GEFÜLLTE, WEICHE NAAN PASST WUNDERBAR ZU MASALA-GERICHTEN, FLEISCHSPIESSEN UND GEGRILLTEM PANIR.

FÜR 8–10 STÜCK | VORBEREITUNGSZEIT: CA. 30 MINUTEN
BACKZEIT: 3–4 MINUTEN PRO STÜCK

ZUTATEN

Zutaten für 1 Rezeptmenge einfaches Naan-Brot (siehe S. 127)
1 kleine rote Zwiebel, fein gerieben und in einem Tuch oder Sieb trocken gepresst
3–4 EL fein gehacktes frisches Koriandergrün
Salz
Mehl zum Bestäuben
4 EL flüssiges Ghee

GEWÜRZE

¼ TL rote Chiliflocken (nach Belieben)

1. Den Teig für einfaches Naan-Brot herstellen, wie in den Arbeitsschritten 1–2 auf Seite 127 beschrieben.

2. Während der Teig ruht, ein schweres Backblech in die oberste Schiene des Backofens schieben. Den Backofengrill auf mittlere Temperatur vorheizen.

3. In einer Schüssel die Zwiebel, das Koriandergrün, nach Belieben die Chiliflocken und das Salz vermischen.

4. Den Naan-Teig in 8–10 gleich große Portionen teilen, diese zu Kugeln formen und gleichmäßig dünn ausrollen. Mittig auf jeden Fladen etwas von der Zwiebel-Koriander-Mischung setzen, dabei reichlich Rand frei lassen.

5. Den Teigrand jedes Fladens hochziehen und in der Mitte über der Füllung zu einem Säckchen zusammenfassen. Diese dann mit der Naht nach unten auf eine gründlich bemehlte Arbeitsfläche setzen. Die Oberseite der Teigballen mit Mehl bestäuben und jeden zu einem etwa 3 mm dünnen Oval ausrollen. Bei Bedarf mit mehr Mehl bestäuben.

6. Einen Fladen auf das Backblech legen, mit etwas Wasser bestreichen und auf jeder Seite 1–2 Minuten backen, bis das Naan leicht gebräunt und aufgebläht ist. Anschließend mit etwas Ghee bestreichen und warm servieren. Mit allen ausgerollten Fladen so verfahren.

Einfacher Reis ohne alles

MIT DIESEM REZEPT GELINGT IHNEN ZU JEDER GELEGENHEIT PERFEKTER WEISSER REIS. DIESEN KÖNNEN SIE ANSCHLIESSEND NACH HERZENSLUST MIT ERGÄNZENDEN ZUTATEN UND GEWÜRZEN VERFEINERN ODER IHN ZUSAMMEN MIT EINEM GEWÜRZSÄCKCHEN ODER IN WÜRZIGER BRÜHE AUFKOCHEN. PRÜFEN SIE IMMER MITHILFE EINER GABEL, OB DER REIS GAR IST.

FÜR 4 PORTIONEN | VORBEREITUNGSZEIT: 5 MINUTEN | GARZEIT: 20 MINUTEN

ZUTATEN

250 g Basmatireis, gründlich unter fließend kaltem Wasser gespült
½ TL Salz
2 TL Ghee (nach Belieben)

1. Den Reis zusammen mit 500 ml heißem Wasser und dem Salz in einem mittelgroßen Topf mit dicht schließendem Deckel aufkochen. Einmal vorsichtig umrühren, dann den Deckel auflegen und alles bei niedriger Temperatur etwa 18 Minuten köcheln lassen.

2. Den Topf vom Herd nehmen, ohne ihn zu öffnen, und den Reis 5 Minuten ruhen lassen. Anschließend mithilfe einer Gabel auflockern. Vor dem Servieren nach Belieben das Ghee unter den heißen Reis mischen.

TIPP: Benötigen Sie eine andere Menge Reis, halten Sie sich beim Mischverhältnis einfach an die Faustregel »1 Teil trockener Reis zu 2 Teilen Wasser«.

Khichdi

GESUNDES »SEELENFUTTER«! DIES IST DIE AUFGEPEPPTE VERSION EINES EINFACHEN GERICHTS, DAS NORMALERWEISE EHER IN SUPPENFORM UND NUR MIT SALZ UND PFEFFER GEWÜRZT GEGESSEN WIRD. MEIST WIRD ES ZUBEREITET, UM EIN ANGESCHLAGENES VERDAUUNGSSYSTEM ZU BERUHIGEN UND ZU HEILEN. DIE KONSISTENZ UNSERER VARIANTE ÄHNELT EHER EINEM RISOTTO, DA DIE BRÜHE DEN REIS AUFBRICHT UND SÄMIG BINDET.

FÜR 4 PORTIONEN | VORBEREITUNGSZEIT: 25 MINUTEN
GARZEIT: 35–40 MINUTEN

ZUTATEN

100 g Basmatireis, gründlich unter fließend kaltem Wasser gespült
100 g Mung Dal (gelbe Mungbohnen, aus dem Asialaden), gründlich unter fließend kaltem Wasser gespült
1 TL Salz
2 EL Öl
6–8 frische Curryblätter
3 Knoblauchzehen, fein gehackt
1 Stück frischer Ingwer (2,5 cm), geschält und fein gerieben
1 Zwiebel, fein gehackt
1 kleine frische grüne Chilischote, von den Samen befreit (nach Belieben) und fein gehackt
1 Tomate, fein gehackt
2 TL flüssiges Ghee (nach Belieben)

GEWÜRZE

¼ TL gemahlene Kurkuma
¾ TL Kreuzkümmel
½ TL Garam Masala

1. Den Reis und die Mungbohnen mischen und mit 600 ml Wasser in einem großen Topf aufkochen. Dann die Temperatur auf niedrig reduzieren und die Mischung 15 Minuten sanft köcheln lassen, dabei aufsteigenden Schaum und Verunreinigungen mit einem großen Löffel entfernen.

2. Anschließend die Kurkuma und das Salz in die Reis-Bohnen-Mischung einrühren und alles weitere 10–15 Minuten sanft köcheln lassen, dabei gelegentlich umrühren und Reis und Bohnen mit dem Löffelrücken gegen die Topfwand drücken, bis alles weich ist und die Mischung eine sämige Konsistenz erreicht hat. Bei Bedarf etwas kochendes Wasser angießen. Vom Herd nehmen.

3. In einer Pfanne bei mittlerer Temperatur das Öl erhitzen und darin die Curryblätter und den Kreuzkümmel anrösten, bis sie zu knistern beginnen. Dann Knoblauch und Ingwer hinzufügen und 30 Sekunden unter Rühren anbraten.

4. Die Zwiebel untermischen und weich und goldbraun schwitzen. Das Garam Masala und die Chilischote hinzufügen und 1 Minute mitbraten. Zuletzt die Tomate einrühren und alles weitere 30 Sekunden erhitzen.

5. Den Pfanneninhalt behutsam unter die Reis-Bohnen-Mischung rühren und das Ganze bei niedriger Temperatur 5–8 Minuten garen. Nach Belieben mit etwas Ghee beträufeln.

Kokosreis

FÜR ALLE, DIE DEN INTENSIVEN, CREMIGEN GESCHMACK VON KOKOSNÜSSEN MÖGEN, BIETET DIESES REZEPT EINE NEUE DIMENSION DES REISGENUSSES. DIESE REISVARIANTE HAT EINE ABWECHSLUNGSREICHE TEXTUR, KANN ABER TROCKEN SEIN – SERVIEREN SIE SIE ZU SAUCENLASTIGEN CURRYS.

FÜR 4 PORTIONEN | VORBEREITUNGSZEIT: 10 MINUTEN | GARZEIT: 5–7 MINUTEN

ZUTATEN

1 EL Kokos- oder anderes Pflanzenöl
8–10 frische Curryblätter
85 g geraspelte frische Kokosnuss oder Kokosraspel
Salz
1 Rezeptmenge einfacher Reis ohne alles (siehe S. 134)
2 EL Ghee (nach Belieben)

GEWÜRZE

1 TL Senfsamen
1 Stück Kassiarinde oder Zimtstange (1 cm)
5–6 grüne Kardamomkapseln, leicht zerstoßen
1 ganze getrocknete Chilischote

ZUM SERVIEREN

gemischte Samen und Nüsse, z. B. Pistazien, Mandeln, Cashewkerne, Erdnüsse und Sesamsamen, in einer beschichteten Pfanne bei niedriger Temperatur geröstet, abgekühlt und grob zerstoßen

1. In einer Pfanne bei mittlerer Temperatur das Öl erhitzen und darin die Senfsamen, Kassiarinde oder Zimtstange, den Kardamom, die getrocknete Chilischote und die Curryblätter 20 Sekunden leicht rösten.

2. Die Kokosraspel und nach Geschmack Salz dazugeben und alles weitere 3–4 Minuten braten.

3. Die Mischung unter den gekochten Reis rühren. Mit den zerstoßenen Samen und Nüssen garnieren und nach Belieben mit Ghee beträufeln.

Reis mit ganzen Gewürzen, Linsen und Röstzwiebeln

PUY-LINSEN MIT IHREM EINZIGARTIGEN PFEFFRIGEN AROMA MACHEN DIESES GERICHT SO FABELHAFT. PUY-LINSEN BEHALTEN WÄHREND DES KOCHENS IHRE FORM, VERBINDEN SICH ABER GANZ WUNDERBAR MIT DEN GEWÜRZEN. SIE SOLLTEN BISSFEST GEKOCHT SEIN.

FÜR 4 PORTIONEN | VORBEREITUNGSZEIT: 15 MINUTEN
GARZEIT: 20–25 MINUTEN

ZUTATEN

200 g Puy-Linsen, gründlich unter fließend kaltem Wasser gespült
200 ml Geflügel- oder Gemüsebrühe
1 Stück frischer Ingwer (1 cm), geschält und fein gerieben
½ EL flüssiges Ghee oder zerlassene Butter
¼ TL Salz (nach Belieben)
1 Rezeptmenge einfacher Reis ohne alles (siehe S. 134)

GEWÜRZE

1 schwarze Kardamomkapsel
½ TL frisch geriebene Muskatnuss
1 Stück Kassiarinde oder Zimtstange (1 cm)
2 Gewürznelken
½ TL gemahlene Kurkuma

ZUM SERVIEREN

Knuspriger Ingwer-Knoblauch-Zwiebel-Mix (siehe S. 238)
4–5 Zweige frisches Koriandergrün, grob zerpflückt

1. In einem mittelgroßen Topf mit Deckel die Linsen mit der Brühe, dem Kardamom, der Muskatnuss, Kassiarinde oder Zimtstange, den Nelken und der Kurkuma mischen und alles aufkochen. Einmal behutsam umrühren, dann die Temperatur reduzieren, den Deckel auflegen und die Mischung 20–25 Minuten sanft köcheln, bis die Linsen bissfest gegart sind. Sie sollten auf keinen Fall zu weich werden.

2. Anschließend den Ingwer, das Ghee oder die Butter und nach Belieben das Salz einrühren. Die Linsenmischung behutsam unter den gekochten Reis heben.

3. Das Gericht mit dem knusprigen Ingwer-Knoblauch-Zwiebel-Mix und dem Koriandergrün bestreuen und sofort servieren.

Gemüsereis

WER ZU MITTAG APPETIT AUF EIN SÄTTIGENDES UND EINFACHES ESSEN OHNE SCHNICKSCHNACK, ABER MIT VIEL AROMA UND GESCHMACK HAT, SOLLTE DIESES REISGERICHT AUSPROBIEREN. FÜR EXTRA TIEFE UND KONSISTENZ SORGT DIE ZUGABE EINER HANDVOLL GEKOCHTER LINSEN ODER BOHNEN WÄHREND DES KOCHENS.

FÜR 2 PORTIONEN ALS HAUPTSPEISE ODER 4 PORTIONEN ALS BEILAGE

VORBEREITUNGSZEIT: 35 MINUTEN | GARZEIT: 15 MINUTEN

ZUTATEN

1 EL Öl
½ Zwiebel, fein gehackt
2 kleine frische grüne Chilischoten, der Länge nach aufgeschlitzt
¼ TL Salz
¼ Kopf Blumenkohl, in kleine Röschen geschnitten und gedämpft
100 g gegarte Erbsen
1 Kartoffel, in feine Würfel geschnitten und gedämpft
1 Karotte, in feine Würfel geschnitten und gedämpft
2 große Tomaten, von Samen befreit und in feine Würfel geschnitten
1 Stück frischer Ingwer (1 cm), geschält und in feine Stifte geschnitten
1 Rezeptmenge einfacher Reis ohne alles (siehe S. 134), mit Acht-Gewürze-Säckchen (siehe S. 248) gekocht oder entsprechend gewürzt
1 EL Limettensaft
1 EL flüssiges Ghee zum Beträufeln
2 EL fein gehacktes frisches Koriandergrün

GEWÜRZE

½ TL Kreuzkümmel
¼ TL gemahlene Kurkuma

1. In einer großen Pfanne bei mittlerer Temperatur das Öl erhitzen und darin den Kreuzkümmel anrösten, bis er knistert. Dann die Zwiebel und die Chilischoten dazugeben und goldbraun schwitzen.

2. Die Temperatur etwas reduzieren, die Kurkuma und das Salz hinzufügen und alles 1 Minute rösten. Dann das gegarte Gemüse untermischen und alles 1–2 Minuten unter ständigem Rühren braten.

3. Zuletzt die Tomaten und den Ingwer dazugeben und erhitzen. Behutsam den Reis unterheben, dann den Limettensaft einrühren. Die Reismischung mit Ghee beträufeln und mit Koriandergrün bestreuen.

Tamarindenreis

DIES IST WAHRSCHEINLICH DIE GÄNGIGSTE UND BELIEBTESTE BEILAGE BEI SÜDINDISCHEN MAHLZEITEN ODER AUCH ZU GEBRATENEM HÜHNCHEN ODER FISCH. DAS WÜRZIGE, SÜSSSAURE UND ZIEMLICH KLEBRIGE DRESSING KÖNNEN SIE IM VORAUS ZUBEREITEN. ES HAUCHT AUCH VOM VORTAG ÜBRIG GEBLIEBENEM REIS NEUES LEBEN EIN.

FÜR 4 PORTIONEN | VORBEREITUNGSZEIT: 25 MINUTEN | GARZEIT: 45 MINUTEN

ZUTATEN

1 EL Chana Dal (geschälte, gespaltene Kichererbsen, aus dem Asialaden)
9–10 frische Curryblätter
1 EL Tamarindenmark
½ TL Rohrohrzucker
½ TL Salz
2 EL Öl
1 kleine Zwiebel, fein gehackt
1 Rezeptmenge einfacher Reis ohne alles (siehe S. 134)

GEWÜRZE

½ TL Fenchelsamen
2 getrocknete rote Chilischoten
1 TL schwarze Senfsamen
1 TL Asant
¼ TL gemahlene Kurkuma

ZUM SERVIEREN

gemischte Samen und Nüsse, z. B. Cashewkerne, Erdnüsse und Sesamsamen, in einer beschichteten Pfanne bei niedriger Temperatur geröstet, abgekühlt und grob zerstoßen

1. In einer beschichteten Pfanne bei niedriger bis mittlerer Temperatur die Kichererbsen, die Fenchelsamen, die Curryblätter, die getrockneten Chilischoten und die Senfsamen anrösten. Die Mischung abkühlen lassen und im Mörser oder der Gewürzmühle zu einem feinen Pulver zermahlen.

2. In einer Schüssel das Tamarindenmark, den Zucker, das Salz und 125 ml Wasser zu einer glatten Mischung verarbeiten.

3. In einer großen Pfanne bei mittlerer Temperatur das Öl erhitzen und darin die Zwiebel unter regelmäßigem Rühren weich und goldbraun schwitzen. Den Asant, die Kurkuma und die gemahlenen Gewürze dazugeben und alles 30 Sekunden unter Rühren braten. Die Tamarindenmischung einrühren und alles bei niedriger Temperatur in 10–12 Minuten köcheln und etwas eindicken lassen. Den gegarten Reis unterheben.

4. Die Mischung vom Herd nehmen, mit den zerstoßenen Nüssen und Samen bestreuen und servieren.

TIPPS: Der gegarte Reis sollte vor der Weiterverarbeitung abkühlen. Benötigen Sie eine andere Menge Reis, halten Sie sich beim Mischverhältnis einfach an die Faustregel »1 Teil trockener Reis zu 2 Teilen Wasser«.

Zitrusreis mit Kichererbsen

DIESE FANTASTISCHE MISCHUNG AUS REIS UND KICHERERBSEN SCHMECKT FÜR SICH ALLEIN EBENSO GUT WIE ALS BEILAGE ZU EINEM CURRY. DIE KICHERERBSEN SIND SEHR NAHRHAFT UND VERSORGEN VEGETARIER MIT REICHLICH PROTEIN.

FÜR 4 PORTIONEN | VORBEREITUNGSZEIT: 15 MINUTEN | GARZEIT: 25 MINUTEN

ZUTATEN

250 g Basmatireis
1 TL Salz
in feinen Streifen abgezogene Schale und Saft von 1½ unbehandelten Zitronen
2 EL Öl
1 Stück frischer Ingwer (5 cm), geschält und in feine Stifte geschnitten
180 g gegarte Kichererbsen
3 EL fein gehacktes frisches Koriandergrün

GEWÜRZE

1 EL Senfsamen
1 EL Kreuzkümmel
1 getrocknete rote Chilischote
¼ TL gemahlene Kurkuma

ZUM SERVIEREN (NACH BELIEBEN)

Curryblätter, Knoblauch, Ingwer und rote Chili (siehe S. 240)
4 EL geröstete Erdnüsse, leicht zerstoßen

1. In einem mittelgroßen Topf 500 ml Wasser zum Kochen bringen. Den Reis zusammen mit ½ TL von dem Salz und einem Drittel der Zitronenschale hineingeben und 10 Minuten köcheln lassen, dann das Wasser abgießen.

2. In einer kleinen Pfanne bei mittlerer Temperatur das Öl erhitzen und darin die Senfsamen und den Kreuzkümmel anrösten, bis sie springen.

3. Die Temperatur reduzieren, den Ingwer und die Chilischote hinzufügen und alles 30 Sekunden braten. Dann die Kichererbsen, die Kurkuma, die restliche Zitronenschale und das restliche Salz unterrühren und alles 1 Minute erhitzen.

4. Den Reis unter die Kichererbsenmischung heben. Das Koriandergrün und den Zitronensaft einrühren, nach Belieben mit dem Topping und gerösteten Erdnüssen bestreuen und servieren.

TIPP: Bereits geröstet gekaufte Erdnüsse eignen sich auch gut zum Garnieren.

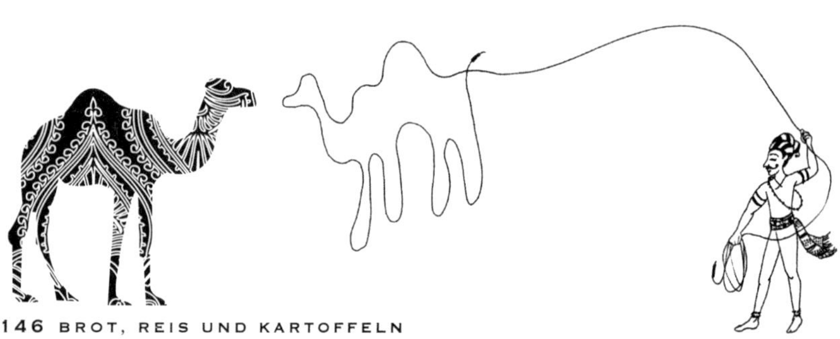

Gebratener Reis mit Krabben

DIESES VON SÜDINDISCHEN AROMEN INSPIRIERTE SÜSSSAURE UND PIKANTE REISGERICHT IST EIN TRAUM FÜR ALLE MEERESFRÜCHTEFANS. DER REIS SOLLTE VOLLSTÄNDIG AUSKÜHLEN, BEVOR SIE IHN VERARBEITEN, ER KANN ALSO WUNDERBAR IM VORAUS GEKOCHT UND BIS ZUR VERWENDUNG IM KÜHLSCHRANK GELAGERT WERDEN.

FÜR 2 PORTIONEN ALS HAUPTSPEISE ODER 4 PORTIONEN ALS BEILAGE

VORBEREITUNGSZEIT: 20 MINUTEN | GARZEIT: 15 MINUTEN

ZUTATEN

1 EL Tamarindenmark
¼ TL Zucker
1 EL Kokosmilchpulver
1 TL Salz
3–4 EL Öl
8–10 frische Curryblätter
½ Zwiebel, fein gehackt
1 Stange Staudensellerie, fein gehackt
3 Knoblauchzehen, fein gehackt
1 Stück frischer Ingwer (1 cm), geschält und fein gerieben
3 frische rote Chilischoten, von Samen befreit (nach Belieben) und in feine Ringe geschnitten
150 g Krabbenfleisch
2 EL fein gehacktes frisches Koriandergrün
Saft von ½ Zitrone oder Limette
1 Rezeptmenge einfacher Reis ohne alles (siehe S. 134), bevorzugt bereits am Vortag gekocht

GEWÜRZE

1 TL Kreuzkümmel
2 TL schwarze Senfsamen
3 TL Fenchelsamen
1 TL gemahlene Kurkuma
2 TL Garam Masala

ZUM SERVIEREN (NACH BELIEBEN)

4 Frühlingszwiebeln, in Ringe geschnitten
4–5 Zweige frisches Koriandergrün, grob zerpflückt
flüssiges Ghee oder Crème fraîche zum Beträufeln

1. Das Tamarindenmark, den Zucker, das Kokosmilchpulver und das Salz gründlich verrühren und beiseitestellen.

2. In einer großen Pfanne bei mittlerer Temperatur das Öl erhitzen und darin den Kreuzkümmel, die Senfsamen und die Fenchelsamen 20–30 Sekunden rösten.

3. Zunächst die Curryblätter anschwitzen, dann die Zwiebel und den Sellerie hinzufügen und beides 2 Minuten leicht bräunen. Den Knoblauch, den Ingwer und die Chilischoten dazugeben und alles bei mittlerer Temperatur kurz braten.

4. Die Kurkuma und das Garam Masala unterrühren und 1 Minute rösten. Dann die Temperatur reduzieren, die Tamarindenmischung in die Pfanne gießen und alles 2–3 Minuten köcheln lassen.

5. Nun das Krabbenfleisch, das gehackte Koriandergrün, den Zitronen- oder Limettensaft und den Reis untermischen und alles braten, bis der Reis locker und schön gebräunt ist.

6. Das Gericht nach Belieben mit Frühlingszwiebelringen und Koriandergrün bestreuen und mit flüssigem Ghee oder Crème fraîche beträufeln und sofort servieren.

Reis mit Safran und Cashewkernen

DIESE DUFTENDE REISVARIATION PASST BESONDERS GUT ZU FLEISCH- UND FISCHGERICHTEN UND WIRD IN INDIEN TRADITIONELL ZU FESTESSEN SERVIERT. DAS SUBTILE AROMA DES SAFRANS UND DIE KNUSPRIGEN CASHEWKERNE MACHEN DIESEN REIS ZUR ECHTEN GAUMENFREUDE, PERFEKT FÜR FESTLICHE ABENDESSEN UND ANDERE BESONDERE ANLÄSSE.

FÜR 4 PORTIONEN | VORBEREITUNGSZEIT: 10 MINUTEN | GARZEIT: 20 MINUTEN

ZUTATEN

2 EL Cashewkerne, in mit 1 Prise gemahlener Kurkuma gewürztem heißem Wasser eingeweicht
2 EL Ghee oder Öl
250 g Basmatireis, gründlich unter fließend kaltem Wasser gespült
Salz

GEWÜRZE

1 Stück Kassiarinde oder Zimtstange (2,5 cm)
1 Sternanis
2–3 Gewürznelken
6–8 grüne Kardamomkapseln, leicht zerstoßen
2–3 Safranfäden, in 1 TL Milch eingeweicht

1. Die Cashewkerne gründlich abtropfen lassen. In einer Pfanne mit schwerem Boden und dicht schließendem Deckel bei mittlerer Temperatur 1 EL Ghee oder Öl erhitzen und die Cashewkerne darin kurz anrösten.

2. Kassiarinde oder Zimtstange, den Sternanis, die Gewürznelken und die Kardamomkapseln dazugeben und 30 Sekunden mitrösten.

3. Behutsam den Reis untermischen, dann 500 ml heißes Wasser, das Salz und den Safran mitsamt der Milch untermischen und alles aufkochen. Einmal vorsichtig umrühren, dann den Deckel auflegen.

4. Die Temperatur etwas reduzieren und dann den Reis etwa 18 Minuten köcheln lassen. Anschließend den Topf vom Herd nehmen, ohne ihn zu öffnen, und den Reis 5 Minuten ruhen lassen. Danach mit einer Gabel auflockern und das restliche Ghee oder Öl einrühren.

TIPP: Benötigen Sie eine andere Menge Reis, halten Sie sich beim Mischverhältnis einfach an die Faustregel »1 Teil trockener Reis zu 2 Teilen Wasser«.

Hühnchen-Pulao

EINFACH UND DOCH WUNDERBAR BEFRIEDIGEND – HÜHNCHEN-PULAO (PILAW) BEEINDRUCKT BEI JEDEM ZWANGLOSEN MITTAGESSEN MIT FREUNDEN ODER BEIM ABENDESSEN MIT DER FAMILIE. ANDERS ALS BEIM BIRYANI, BEI DEM FLEISCH UND REIS SEPARAT ZUBEREITET WERDEN, KOMMEN BEI PILAW-GERICHTEN FLEISCH ODER GEMÜSE GLEICH ZUSAMMEN MIT DEM REIS IN EINEN TOPF.

FÜR 4 PORTIONEN | VORBEREITUNGSZEIT: 35 MINUTEN | GARZEIT: 1 STUNDE

ZUTATEN

6 Knoblauchzehen
1 Stück frischer Ingwer (2,5 cm)
2 EL Naturjoghurt
450 ml Gemüse- oder Geflügelbrühe oder Wasser
2 TL Salz
3 EL Öl
½ große Zwiebel, in feine Ringe geschnitten
1 kg Hühnchen am Knochen ohne Haut, in mittelgroße Stücke geteilt
250 g Basmatireis, gründlich unter fließend kaltem Wasser gespült
2 EL fein gehacktes frisches Koriandergrün

GEWÜRZE

6 Gewürznelken
1 Stück Kassiarinde oder Zimtstange (5 cm)
4 Lorbeerblätter
2 schwarze Kardamomkapseln
1 EL Garam Masala
1 TL gemahlener Kreuzkümmel, plus etwas zum Bestreuen
1 TL Paprikapulver
1 TL Chilipulver
1 TL gemahlene Kurkuma

ZUM SERVIEREN

1 Limette, in Spalten geschnitten

TIPP: Hühnerfleisch am Knochen sorgt für einen intensiveren Geschmack.

1. Den Knoblauch und den Ingwer im Mörser zu einer feinen Paste verarbeiten.

2. In einer Schüssel den Joghurt, Brühe oder Wasser sowie das Salz vermischen.

3. In einer großen Pfanne mit schwerem Boden bei niedriger Temperatur das Öl erhitzen und darin kurz die ganzen Gewürze anrösten. Die Zwiebel dazugeben und etwa 20 Minuten goldbraun schwitzen. Die Temperatur erhöhen, die Ingwer-Knoblauch-Paste hinzufügen und alles 1–2 Minuten braten.

4. Die Hühnchenteile und die gemahlenen Gewürze untermischen. Den Deckel auflegen und die Mischung 8–10 Minuten garen, dabei gelegentlich umrühren.

5. Anschließend die Hälfte der Joghurtmischung einrühren, das Ganze aufkochen und bei geschlossenem Deckel weitere 10 Minuten garen. Gelegentlich umrühren.

6. Nun den Reis, das Koriandergrün, etwas Salz und die restliche Joghurtmischung dazugeben. Den Pilaw aufkochen lassen, dann die Temperatur reduzieren und alles bei geschlossenem Deckel 16–18 Minuten köcheln lassen, bis der Reis die Flüssigkeit aufgenommen hat und Fleisch und Reis weich gegart sind. Den Topf vom Herd nehmen und den Pilaw 5–7 Minuten bei geschlossenem Deckel ruhen lassen. Mit gemahlenem Kreuzkümmel bestreuen und sofort mit Limettenspalten servieren.

Lammfleisch-Biryani

DIES IST EINE KOMPLETTE MAHLZEIT IN EINER SCHÜSSEL. DIE ZUBEREITUNG VON BIRYANIS BRAUCHT IHRE ZEIT, ABER DAS RESULTAT – DIE KONSISTENZ, DIE WUNDERBAREN AROMEN UND DER UNWIDERSTEHLICHE DUFT – LOHNT DEN AUFWAND. SIE KÖNNEN DAS LAMMFLEISCH-MASALA AUCH SCHON AM VORTAG ZUBEREITEN. DANN EINFACH KURZ VOR DEM SERVIEREN ERHITZEN UND MIT DEM FRISCH GEKOCHTEN REIS IN DEN TOPF SCHICHTEN.

FÜR 4–5 PORTIONEN | VORBEREITUNGSZEIT: 3–4 STUNDEN | GARZEIT: 1 STUNDE

ZUTATEN

1½ Zwiebeln
6 Knoblauchzehen
1 Stück frischer Ingwer (4 cm)
2 frische grüne Chilischoten
100 g gehackte Tomaten aus der Dose
1 EL Kokosraspel
3 EL Ghee oder Öl
1 kg Lammfleisch ohne Knochen, in Würfel geschnitten
2 TL Salz
1 Rezeptmenge einfacher Reis ohne alles (siehe S. 134)

GEWÜRZE

4 grüne Kardamomkapseln, leicht zerstoßen
2 schwarze Kardamomkapseln, leicht zerstoßen
6 Gewürznelken
4 Lorbeerblätter
1½ TL Kreuzkümmel
1 Stück Kassiarinde oder Zimtstange (4 cm)
2½ TL Garam Masala
1 großzügige Prise Safranfäden, in 50 ml warmer Milch eingeweicht

ZUM SERVIEREN

Knuspriger Ingwer-Knoblauch-Zwiebel-Zwiebel-Mix (siehe S. 238)
1 TL flüssiges Ghee

1. Die Zwiebeln, den Knoblauch, den Ingwer, die Chilischoten, die gehackten Tomaten und die Kokosraspel im Mixer zu einer glatten Paste verarbeiten.

2. In einer großen Pfanne mit Deckel bei mittlerer Temperatur das Ghee oder Öl erhitzen und darin die ganzen Gewürze etwa 20 Sekunden goldbraun rösten.

3. Die Kokospaste einrühren. Dann das Lammfleisch dazugeben und in der Mischung wenden, bis es vollständig davon bedeckt ist. Den Deckel auflegen und das Fleisch 25 Minuten bei niedriger Temperatur braten. Anschließend den Deckel abnehmen und das Lamm weitere 20 Minuten garen, dabei gelegentlich umrühren.

4. Sobald sich das Öl abgesetzt hat, die Sauce etwas eingedickt und das Fleisch schön durchgebraten und zart ist, das Garam Masala und das Salz einrühren. Die Temperatur reduzieren.

5. Den Reis zubereiten, wie auf Seite 134 beschrieben.

6. Sofort das Biryani in einen Topf (mit Deckel) schichten: 1 großen Löffel Reis auf dem Boden verteilen, darüber eine Schicht Lammfleisch-Masala. Im Wechsel so fortfahren, bis alles aufgebraucht ist. Mit einer Schicht Reis abschließen.

7. Den Safran mitsamt der Milch über dem Biryani verteilen. Den Topf mit Alufolie versiegeln, den Deckel auflegen und das Biryani bei sehr niedriger Temperatur 10 Minuten durchwärmen. Anschließend mit dem Ingwer-Knoblauch-Zwiebel-Mix bestreuen, mit etwas Ghee beträufeln und sofort servieren.

TIPP: Wenn Sie das Fleisch sorgfältig erwärmen, bevor Sie es in den Topf schichten, reduziert sich die Garzeit um 1 Minute.

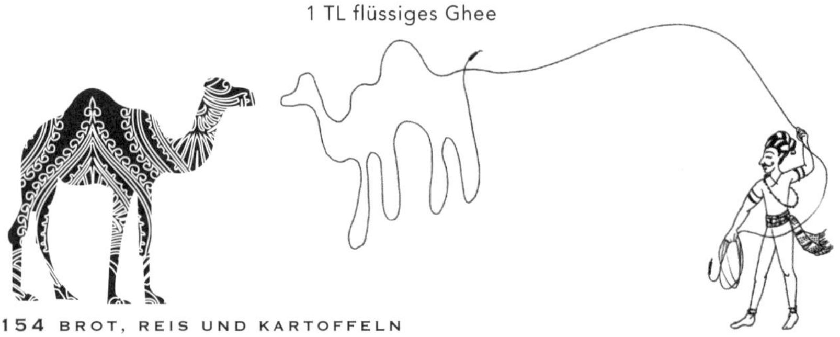

SECHSMAL Kartoffeln

1 SCHARFE SÜSSKARTOFFEL-SPALTEN

HEIZEN Sie den Backofen auf 180 °C vor.

SCHNEIDEN Sie zwei große Süßkartoffeln samt Schale in Spalten. Diese auf ein schweres Backblech legen.

ZERSTOSSEN Sie je 1 TL Fenchelsamen und Kreuzkümmel, ½–1 TL rote Chiliflocken und 1 TL Salz im Mörser.

MISCHEN Sie in einer großen Schüssel die Gewürze gründlich mit 2 EL Öl sowie drei samt Schale zerdrückten Knoblauchzehen. Die Kartoffelspalten dazugeben und in der Mischung wenden, bis sie rundherum bedeckt sind.

SCHIEBEN Sie die Kartoffelspalten in den Ofen. 30–45 Minuten knusprig braten, zwischendurch einmal wenden.

2 MUMBAI ALOO

ERHITZEN Sie in einer großen Pfanne 3 EL Öl. Darin kurz je 1 TL Kreuzkümmel und Senfsamen anrösten.

GEBEN Sie 500 g gekochte und in Würfel geschnittene Kartoffeln sowie ein 1 cm langes Stück geschälten und geriebenen frischen Ingwer, ½ TL gemahlene Kurkuma, 1 TL gemahlene Koriandersamen sowie je ½ TL rote Chiliflocken, Mangopulver und Salz zu den Gewürzen in die Pfanne.

BRATEN Sie die Mischung 6–8 Minuten unter behutsamem Rühren. Dabei einzelne Kartoffelwürfel mit dem Gabelrücken zerdrücken.

BESTREUEN Sie das Mumbai Aloo mit 2 EL fein gehacktem frischem Koriandergrün und einer guten Prise Chat Masala. Sofort servieren.

3 KARTOFFELPFANNE MIT ERBSEN UND TOMATEN

ERHITZEN Sie in einer Pfanne bei niedriger Temperatur 2 EL Öl. Darin kurz 1 Lorbeerblatt, 1 TL Kreuzkümmel, 2 fein gehackte Knoblauchzehen und ein 1 cm langes Stück geschälten und geriebenen frischen Ingwer anbraten.

VERRÜHREN Sie in einer kleinen Schüssel 2 EL karamellisierte Zwiebelpaste (siehe S. 231), 1 EL Tamarindenextrakt und 2 EL passierte Tomaten. In die Pfanne geben und 2 Minuten erhitzen.

RÜHREN sie anschließend je 1 TL gemahlene Kurkuma, Garam Masala und gemahlene Koriandersamen sowie 1½ TL Salz in die Mischung ein. Alles unter Rühren 1 Minute erhitzen.

MISCHEN Sie 100 g aufgetaute TK-Erbsen unter die Sauce und erhitzen sie alles 1 weitere Minute. Dann 250 g gekochte und gewürfelte Kartoffeln dazugeben und alles unter Rühren 3–4 Minuten braten.

NEHMEN Sie die Pfanne vom Herd und heben Sie 2 fein gehackte frische Tomaten unter die Kartoffelmischung.

4 INDISCHER KARTOFFELBREI

GEBEN Sie 500 g geschälte klein gehackte Kartoffeln zusammen mit einem Drei-Gewürze-Säckchen mit zerstoßenen Gewürzen (siehe S. 248) und 2 TL Salz in einen großen Topf mit Wasser.

KOCHEN Sie die Kartoffeln je nach Größe der Würfel 8–10 Minuten gar. Abgießen und beiseitestellen.

ERHITZEN Sie in einer kleinen Pfanne 1 EL Öl oder Ghee. Darin ½ TL Kreuzkümmel 20 Sekunden anrösten.

GEBEN Sie 55 g fein gehackten Lauch und 1½ fein gehackte Knoblauchzehen dazu und lassen Sie diese bei niedriger Temperatur kurz anbräunen.

GIESSEN Sie 25 ml Kokosmilch an. Dann die Kartoffeln dazugeben und zerstampfen.

BETRÄUFELN Sie den Kartoffelbrei mit flüssigem Ghee oder zerlassener Butter.

BESTREUEN Sie das Gericht mit fein gehacktem frischem Koriandergrün.

5 KARTOFFEL-ERBSEN-KÜCHLEIN

VERARBEITEN Sie im Mixer 85 g Erbsen, 25 g Panir, 1 TL geriebenen frischen Ingwer, ½ grüne Chilischote, je ¼ TL Mangopulver, Garam Masala und Salz sowie 1 EL gehacktes frisches Koriandergrün zu einer glatten Paste.

VERKNETEN Sie 500 g Kartoffelbrei mit je 1 TL gemahlenem Kreuzkümmel, gemahlenen Koriander- und Fenchelsamen, 1 großen Prise Chilipulver, ¼ TL gemahlenem Ingwer, ½ TL Chat Masala, 1 TL Salz und 2 EL Maisstärke.

ÖLEN Sie Ihre Hände ein. Je 1 gehäuften EL Kartoffelteig in einer Handfläche flach drücken und je 2 TL Panir-Erbsen-Mischung in die Mitte setzen. Den Teig über der Füllung zusammenführen, zur Kugel formen und diese dann etwas flach drücken. Auf diese Weise alle Zutaten verarbeiten.

ERHITZEN Sie in einer Pfanne 100 ml Öl. Je 2–3 Küchlein auf einmal darin 2–3 Minuten auf jeder Seite goldbraun braten.

6 FÜNF-GEWÜRZE-KARTOFFELSALAT

ERHITZEN Sie in einer Pfanne mit schwerem Boden bei mittlerer Temperatur 4 EL Öl. Darin 1 TL Panch Phoron unter Rühren 1 Minute anrösten.

GEBEN Sie 500 g halbierte kleine Kartoffeln dazu. 1 TL gemahlene Kurkuma, nach Belieben 1½ TL Garam Masala oder gemahlenen Zimt, 1 TL rote Chiliflocken und etwas Meersalz unterrühren.

BRATEN Sie die Mischung unter Rühren 2 Minuten an. 25 ml Wasser angießen und alles zugedeckt bei niedriger Temperatur 8–10 Minuten köcheln lassen. Dann den Deckel abnehmen, die Temperatur erhöhen und die Kartoffeln unter Rühren kochen, bis das Wasser komplett verdampft ist und die Kartoffeln gar sind und zu brutzeln beginnen.

NEHMEN Sie die Pfanne vom Herd. Behutsam 2 fein gehackte Tomaten sowie je 1 EL fein gehackte frische Minze und Koriandergrün unterheben.

BESTREUEN Sie den Salat mit frischen Koriander- und Minzeblättchen.

Salate

KAPITEL 5

Rohkostsalat mit Gewürzdressing

IN DIESEM SALAT WERDEN HAUCHFEINE SCHEIBEN ODER STREIFEN VON FRISCHEM GEMÜSE VERWEGEN MIT SENFSAMEN, INGWER, CHILI UND ZITRONE KOMBINIERT.

FÜR 2 PORTIONEN ALS HAUPTSPEISE ODER 4 PORTIONEN ALS BEILAGE
VORBEREITUNGSZEIT: 20 MINUTEN | GARZEIT: 5 MINUTEN

ZUTATEN

1 Bund Radieschen, in feine Scheiben geschnitten
2 Karotten, in feine Scheiben oder Stifte geschnitten
2 Zucchini, in feine Scheiben oder Stifte geschnitten
¼ Daikon-Rettich, in feine Scheiben oder Stifte geschnitten
3 Frühlingszwiebeln, fein gehackt
1 EL Olivenöl
4–5 frische Curryblätter
Saft von ¼ Zitrone
1 Scheibe frischer Ingwer (5 mm), geschält und fein geraspelt
Salz

GEWÜRZE

¼ TL weiße oder schwarze Senfsamen
1 große Prise rote Chiliflocken

ZUM SERVIEREN (NACH BELIEBEN)

1 EL Nuss-Körner-Mischung (siehe S. 240), leicht zerstoßen
5 Zweige frisches Koriandergrün, grob zerpflückt

1. In einer großen Schüssel die Radieschen, die Karotten, die Zucchini, den Rettich und die Frühlingszwiebeln vermengen.

2. In einer kleinen Pfanne bei niedriger Temperatur das Öl erhitzen und darin die Senfsamen und die Curryblätter 20 Sekunden anrösten. Vom Herd nehmen und den Zitronensaft, die Chiliflocken, den Ingwer und das Salz einrühren. Das Dressing über das Gemüse gießen und alles behutsam vermischen.

3. Den Salat nach Belieben mit Nuss-Körner-Mischung und Koriandergrün bestreuen und servieren.

Grünkohlsalat mit Kichererbsen, Minze und eingelegter Zitrone

DIE KICHERERBSEN VERLEIHEN DIESEM GESUNDEN, FRISCHEN SALAT FÜLLE UND TEXTUR. SERVIEREN SIE IHN ALS BEILAGE ODER MIT GEGRILLTEM PANIR ODER HALLOUMI ALS HAUPTGERICHT.

FÜR 2 PORTIONEN ALS HAUPTSPEISE ODER 4 PORTIONEN ALS BEILAGE
ZUBEREITUNGSZEIT: 20–25 MINUTEN

ZUTATEN

1 EL Öl
1 Knoblauchzehe, zerdrückt
¼ TL fein gehackte Minzeblätter
2 TL Zitronensaft
Salz nach Geschmack
150 g Grünkohl, grob gehackt
180 g gegarte Kichererbsen, mit dem Gabelrücken leicht zerdrückt
1 EL in feine Streifen geschnittene eingelegte Zitrone

GEWÜRZE

je ¼ TL Kreuzkümmel und Fenchelsamen, leicht geröstet und zerstoßen
¼ TL rote Chiliflocken (nach Belieben)

1. Das Öl, den Kreuzkümmel, die Fenchelsamen, den Knoblauch, die Minze, nach Belieben die Chiliflocken und den Zitronensaft verquirlen und alles mit Salz abschmecken.

2. In einer großen Schüssel den Grünkohl und die Kichererbsen vermischen.
Das Ganze mit dem Dressing übergießen und mit der eingelegten Zitrone bestreuen.

Tomatensalat mit eingelegtem Ingwer

DER JAPANISCHE EINGELEGTE INGWER UND DAS SÜSSSAURE CHAT-MASALA-BALSAMICO-DRESSING MACHEN AUS DIESEM EINFACHEN, SAFTIGEN TOMATENSALAT EIN EXOTISCHES GESCHMACKSERLEBNIS.

FÜR 4 PORTIONEN ALS BEILAGE | ZUBEREITUNGSZEIT: 20 MINUTEN

ZUTATEN

8 Tomaten, in Scheiben oder Viertel geschnitten
3 TL fein gehackter japanischer eingelegter Ingwer (aus dem Asialaden)
1½ EL Öl
3 TL Balsamico-Essig
Salz

GEWÜRZE

1 TL Chat Masala
¼ TL rote Chiliflocken

ZUM SERVIEREN (NACH BELIEBEN)

2 TL fein zerpflücktes frisches Koriandergrün
¼ TL Schwarzkümmel

1. Die Tomaten und den eingelegten Ingwer in einer großen Schüssel vermengen.
2. Das Öl, den Balsamico-Essig, das Chat Masala, die Chiliflocken und das Salz zu einem glatten Dressing verquirlen.
3. Die Tomaten mit dem Dressing übergießen und alles behutsam mit den Händen vermischen.
4. Nach Belieben mit dem Koriandergrün und dem Schwarzkümmel bestreuen und servieren.

Avocado-Mais-Salat mit Chili und Koriandergrün

MIT FEIN GESCHNITTENEM, GERÖSTETEM BROT SERVIERT, WIRD DIESER SALAT ZUR BEFRIEDIGENDEN MAHLZEIT. ALS BEILAGE PASST ER ABER AUCH ZU GEGRILLTEM FISCH, GEBRATENEM FLEISCH UND TEIGTASCHEN.

FÜR 2 PORTIONEN ALS HAUPTSPEISE ODER 4 PORTIONEN ALS BEILAGE
VORBEREITUNGSZEIT: 20 MINUTEN | GARZEIT: 30 MINUTEN

ZUTATEN

2–3 Kolben Zuckermais
1 EL zerlassene Butter
⅓ Limette, in Spalten geschnitten
3 feste, reife Avocados, geschält und in feine Spalten oder Würfel geschnitten
½ rote Zwiebel, in feine Ringe geschnitten
1 EL grob gehacktes frisches Koriandergrün
½ große frische rote Chilischote, von Samen befreit (nach Belieben) und fein gehackt
Salz
2 TL Balsamico-Essig
1 EL Öl
1 Knoblauchzehe, sehr fein gehackt

GEWÜRZE

frisch gemahlener schwarzer Pfeffer
¼ TL gerösteter Kreuzkümmel, leicht zerstoßen, plus etwas zum Bestreuen

1. Die Maiskolben 15–17 Minuten weich dünsten.

2. Den Backofengrill auf hoher Stufe vorheizen. Die vorgegarten Maiskolben mit zerlassener Butter bestreichen und im Ofen zart braun grillen. Dabei regelmäßig wenden.

3. Die gegrillten Maiskolben mit den Limettenspalten abreiben, dann die Maiskörner mit einem scharfen Messer von den Kolben schneiden.

4. In einer großen Schüssel die Avocadostücke, die Maiskörner (bis auf einige zum Bestreuen), die Zwiebel, das Koriandergrün und die Chilischote vermischen und alles mit Salz und Pfeffer abschmecken.

5. In einer kleinen Schüssel den Essig, das Öl, den Knoblauch und den Kreuzkümmel gründlich zu einem glatten Dressing verquirlen. Die Avocado-Mais-Mischung damit übergießen und alles vermengen, bis sich das Dressing gut verteilt hat.

6. Mit den restlichen Maiskörnern und etwas Kreuzkümmel bestreuen und servieren.

Sprossensalat mit Knoblauch und Ingwer

EINE GESUNDE UND SÄTTIGENDE KOMBINATION AUS MUNGBOHNEN, GRÜNEN UND BRAUNEN LINSEN SOWIE KICHERERBSEN, DIE MIT KNOBLAUCH KNUSPRIG GERÖSTET WIRD. KAROTTEN, INGWER UND ROTE ZWIEBELN RUNDEN DAS GANZE AB. GEMISCHTE BOHNEN- UND LINSENSPROSSEN GIBT ES IN GUT SORTIERTEN SUPERMÄRKTEN UND BIOLÄDEN BEREITS FERTIG ABGEPACKT. DIESEN SALAT KÖNNEN SIE ÜBRIGENS AUCH WARM SERVIEREN.

FÜR 2 PORTIONEN ALS HAUPTSPEISE ODER 4 PORTIONEN ALS BEILAGE

VORBEREITUNGSZEIT: 15 MINUTEN | GARZEIT: 15 MINUTEN

ZUTATEN

2 EL Öl, plus etwas zum Beträufeln (nach Belieben)
3 Knoblauchzehen, sehr klein geschnitten
400 g gemischte Bohnen- und Linsensprossen
Salz
2 große Karotten, in feine Stifte geschnitten
4–5 Blätter Chicorée (nach Belieben)
¼ rote Zwiebel, in feine Ringe geschnitten
5–6 Zweige frisches Koriandergrün, grob zerpflückt
1 Scheibe frischer Ingwer (5 mm), geschält und fein gehobelt

GEWÜRZE

¼ TL gemahlene Koriandersamen
¼ TL gemahlener Kreuzkümmel
½ TL rote Chiliflocken

1. In einer großen Pfanne bei niedriger Temperatur das Öl erhitzen und darin den Knoblauch kurz anbraten.
2. Die Bohnen- und Linsensprossen zusammen mit dem gemahlenen Koriander, dem Kreuzkümmel, den Chiliflocken und dem Salz zu dem Knoblauch in die Pfanne geben und alles unter Schwenken 6–7 Minuten braten, bis die Sprossen knusprig sind, aber noch Biss haben. Vom Herd nehmen und abkühlen lassen.
3. Die Karotten, nach Belieben den Chicorée, die Zwiebel, das Koriandergrün und den Ingwer in eine Schüssel geben. Die Sprossenmischung hinzufügen und alles gut vermengen. Nach Belieben mit Öl beträufeln und servieren.

Chutneys, Eingemachtes und Joghurt

KAPITEL 6

Koriander-Erdnuss-Chutney

DIESES INTENSIVE, PIKANTE GRÜNE CHUTNEY IST IN WENIGEN MINUTEN FERTIG – VOR ALLEM, WENN SIE BEREITS FERTIG GERÖSTETE ERDNÜSSE VERWENDEN. ES SCHMECKT TRAUMHAFT ZU HÜHNCHENSPIESSEN MIT SESAM UND INGWER (SIEHE S. 40), ZU STEAKS ODER ANDEREM GEBRATENEM FLEISCH, ZU NAAN-BROT (SIEHE S. 127) ODER REIS.

FÜR 4 PORTIONEN | ZUBEREITUNGSZEIT: 15 MINUTEN

ZUTATEN

130 g frisches Koriandergrün, samt Stielen grob gehackt
50 g trocken geröstete Erdnüsse, im Mörser oder mit der Teigrolle fein zerstoßen
1 kleine grüne Chilischote
4 EL Zitronensaft
3 TL Rohrohrzucker

Alle Zutaten zusammen mit 1 EL Wasser im Mixer zu einer glatten Mischung verarbeiten.

Mango-Apfel-Relish mit Koriander und Minze

DIESE FANTASTISCHE ZUTATENKOMBINATION ERGIBT EINEN ERFRISCHENDEN UND AUFREGENDEN MIX AUS SÜSS, SAUER UND SCHARF. BESONDERS GUT MACHT SICH DAS RELISH ZU FRITTIERTEM, GEBÄCK UND PANIR-SNACKS.

FÜR 4 PORTIONEN | ZUBEREITUNGSZEIT: 20 MINUTEN

ZUTATEN

1 kleine frische grüne Mango, entsteint und grob gehackt
½ grüner Apfel, vom Kerngehäuse befreit, geschält und grob gehackt
¼ rote Zwiebel, grob gehackt
1 Frühlingszwiebel, grob gehackt
50 g frisches Koriandergrün, grob gehackt
50 g frische Minze, grob gehackt
1 kleine frische grüne Chilischote, grob gehackt
¼ TL Rohrohrzucker
¼ TL Salz

GEWÜRZE

½ TL Granatapfelpulver
1 TL Chat Masala

Alle Zutaten im Mixer zu einer groben Masse pürieren.

Tomatenrelish mit Datteln und Tamarinde

DAS FRISCHE, LECKERE RELISH HAT SOWOHL EINE FRUCHTIG-SÄUERLICHE ALS AUCH EINE SCHARFE NOTE. AM BESTEN SCHMECKT ES HERGESTELLT AUS GUT GEREIFTEN TOMATEN HOHER QUALITÄT ZU GEGRILLTEM FLEISCH, PANIR, PIKANTEM FRITTIERTEM UND TEIGTASCHEN.

FÜR 4 PORTIONEN | ZUBEREITUNGSZEIT: 15 MINUTEN

ZUTATEN

215 g frische Tomaten, enthäutet und von Samen befreit
1 kleine frische grüne Chilischote
1 Knoblauchzehe
1 Stück frischer Ingwer (1 cm), geschält und geraspelt
1 EL fein gehacktes frisches Koriandergrün
6 EL Tamarindenmark
115 g getrocknete Datteln ohne Stein, in 500 ml heißem Wasser eingeweicht, bis sie weich und aufgequollen sind
¼ TL Salz

GEWÜRZE

½ TL gemahlene Koriandersamen
½ TL gerösteter Kreuzkümmel (siehe Tipp)

TIPP: Um Kreuzkümmel zu rösten, diesen etwa 30 Sekunden bei mittlerer Temperatur in einer beschichteten Pfanne schwenken, bis er dunkelbraun ist. Dann sofort herausnehmen und im Mörser oder mit einer Teigrolle zerstoßen.

1. Alle Zutaten einschließlich des Einweichwassers der Datteln im Mixer zu einer groben Masse pürieren.

2. Die Mischung in ein sauberes Einmachglas mit Schraubverschluss füllen und dieses fest verschließen. So hält sich das Relish im Kühlschrank bis zu 3 Tage, es lässt sich aber auch gut einfrieren.

Knoblauch-Chili-Chutney

MIT DIESEM CHUTNEY LASSEN SICH UNTER ANDEREM SUPPEN, MARINADEN UND SAUCEN WUNDERBAR VERFEINERN. NORMALERWEISE WIRD ES NUR IN KLEINEN MENGEN VERWENDET, SOLLTE IHNEN DAS AROMA DES ROHEN KNOBLAUCHS ABER AUCH DANN NOCH ZU KRÄFTIG SEIN, RÖSTEN SIE DIE ZEHEN ZUNÄCHST ETWAS AN, BEVOR SIE SIE MIT DEN ANDEREN ZUTATEN WEITERVERARBEITEN.

FÜR 4–5 EL | ZUBEREITUNGSZEIT: 10 MINUTEN

ZUTATEN

1 Knolle Knoblauch, geschält und sehr fein gehackt oder zerdrückt
2–3 TL Zitronensaft
3–4 EL Öl
½ TL Salz

GEWÜRZE

3 TL Chilipulver, bevorzugt Kashmir-Chilipulver

Den Knoblauch zusammen mit dem Zitronensaft, den Gewürzen, der Hälfte des Öls und dem Salz im Mixer grob pürieren. Dann das restliche Öl hinzufügen und alles zu einer glatten Mischung verarbeiten.

Joghurt SELBST HERSTELLEN

JOGHURT IST UNGLAUBLICH VIELSEITIG – ER EIGNET SICH HERVORRAGEND ALS BASIS FÜR MARINADEN, DIPS UND AUFSTRICHE UND VERLEIHT SAUCEN SÄMIGKEIT UND GESCHMACK. FALLS SIE IHREN JOGHURT ZUM ERSTEN MAL SELBST HERSTELLEN, HIER EIN TIPP: ÜBERPRÜFEN SIE NACH 4 STUNDEN SEINEN ZUSTAND. WENN IHNEN GESCHMACK UND KONSISTENZ SCHON ZU DIESEM ZEITPUNKT GEFALLEN, NEHMEN SIE IHN AUS DEM OFEN. RÜHREN SIE DEN JOGHURT NICHT UM, EHE ER SICH VOLLSTÄNDIG GESETZT HAT. WIE LANG DIE HERSTELLUNG DAUERT, HÄNGT VON DER VERWENDETEN KULTUR, DER TEMPERATUR DES JOGHURTS UND IHREN VORLIEBEN AB – JE LÄNGER ER RUHT, UMSO DICKER UND SÄUERLICHER WIRD ER.

FÜR CA. 2 KG JOGHURT

KOCHZEIT: 15 MINUTEN | ZEIT ZUM REIFEN: 4–8 STUNDEN

HILFSMITTEL

TOPF MIT SCHWEREM BODEN UND DECKEL
KOCHLÖFFEL
THERMOMETER
KLEINER MESSBECHER
SCHNEEBESEN

1

Den Backofen auf 160 °C vorheizen. In einem Topf mit schwerem Boden und Deckel 2,3 l Vollmilch bei mittlerer Temperatur bis kurz vor dem Siedepunkt (ca. 93 °C) erhitzen. Dabei umrühren, damit die Milch nicht am Topfboden ansetzt und nicht überkocht.

2

Die erhitzte Milch auf 44–46 °C abkühlen lassen. Dabei gelegentlich umrühren, damit sich keine Haut bildet.

3

In einer Schüssel etwa 250 ml der warmen Milch mit 125 ml Naturjoghurt mit lebenden Kulturen verquirlen, bis sich der Joghurt vollständig in der Milch aufgelöst hat.

Tipp **Am besten eignet sich Bio-Vollmilch.**

Vermengen

4

Unter behutsamem Rühren langsam die Milch-Joghurt-Mischung zu der restlichen warmen Milch in den Topf gießen. Den Backofen ausschalten.

4 Stunden

5

Den Topf mit dem Deckel abdecken und mit Geschirrhandtüchern umwickeln. Im abgeschalteten Ofen mindestens 4 Stunden oder aber über Nacht ruhen und gären lassen.

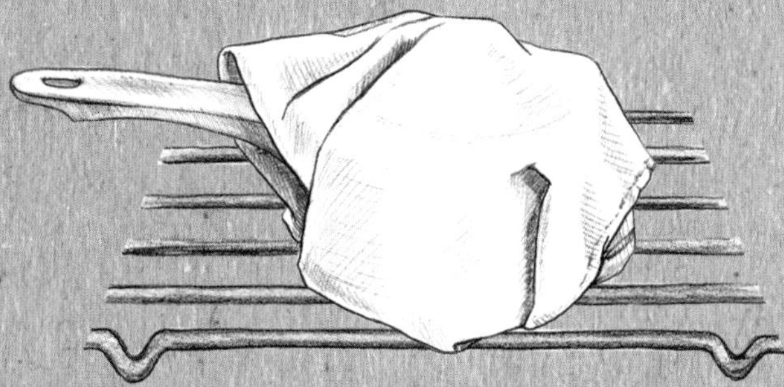

6

Sobald der Joghurt die gewünschte Konsistenz besitzt, aus dem Ofen nehmen. Falls sich an der Oberfläche wässrige Molke abgesetzt hat, diese abgießen oder mit dem Schneebesen einarbeiten. Das Verquirlen verleiht dem Joghurt eine cremigere Textur. Den Joghurt in sterilisierte Gläser füllen und diese dicht mit sterilisierten Deckeln verschließen. Im Kühlschrank hält sich der Joghurt so bis zu 2 Wochen.

Gurken-Karotten-Chutney mit Minze

DIESES REZEPT VERLEIHT DEM KLASSISCHEN JOGHURT-CHUTNEY DURCH DIE ZUGABE VON KAROTTEN BESONDEREN BISS. DIE MILDE SAUCE IST DER PERFEKTE BEGLEITER ZU SCHARFEN CURRYS.

FÜR 4 PORTIONEN | ZUBEREITUNGSZEIT: 15 MINUTEN

ZUTATEN

115 g frische Karotten, geschält und geraspelt
115 g Salatgurke, geraspelt und in einem sauberen Geschirrtuch gründlich ausgedrückt
¼ Knoblauchzehe, sehr fein gehackt
225 g griechischer Joghurt
¼ kleine frische grüne Chilischote, von den Samen befreit (nach Belieben) und fein gehackt
¼ TL getrocknete Minze

GEWÜRZE

¼ TL gerösteter Kreuzkümmel, leicht zerstoßen, plus etwas zum Bestreuen
Schwarzsalz oder Salz
1 großzügige Prise Chat Masala

ZUM SERVIEREN (NACH BELIEBEN)

1 EL Frühlingszwiebeln, Koriandergrün und Minze (siehe S. 232)

Alle Zutaten in einer Schüssel gründlich verrühren. Mit etwas Kreuzkümmel und nach Belieben mit der Frühlingszwiebel-Kräuter-Mischung bestreuen und kalt servieren.

Gebratene Auberginen aus Südindien

AUBERGINEN SIND IN DER INDISCHEN KÜCHE SEHR BELIEBT UND WERDEN AUF VIELE EINFALLSREICHE ARTEN VERARBEITET. DIESE WÜRZIG SÜSS-SCHARF GEBRATENEN AUBERGINEN PASSEN GROSSARTIG ZU PFANNKUCHEN, REIS, LINSENGERICHTEN UND KNUSPRIGEN CRACKERN.

FÜR 350 ML | VORBEREITUNGSZEIT: 15 MINUTEN,
PLUS 3 STUNDEN ZUM ENTWÄSSERN DER AUBERGINEN

ZUTATEN

500 g Auberginen, in mittelgroße Stücke geschnitten
1½ EL Salz
4 Knoblauchzehen
55 g frischer Ingwer, geschält
125 ml Essig
120 ml Senföl (siehe S. 15) oder anderes Öl
8–9 frische Curryblätter
3½ TL Tamarindenmark
220 g Rohrohrzucker

GEWÜRZE

1 EL schwarze Senfsamen
3½ TL Fenchelsamen
1 EL Kreuzkümmel
2½ TL Chilipulver
3 TL gemahlene Kurkuma

1. Die Auberginenstücke in ein großes Sieb geben und behutsam mit dem Salz einreiben. Dann etwa 3 Stunden zum Entwässern ziehen lassen.

2. Anschließend portionsweise das Wasser aus den Auberginenstücken herausdrücken, bis sie sehr trocken sind.

3. Im Mörser den Knoblauch und den Ingwer zusammen mit 1 EL von dem Essig zu einer feinen Paste verarbeiten.

4. In einer großen Pfanne mit schwerem Boden das Öl bei mittlerer Temperatur erhitzen und darin die Auberginenstücke in zwei Portionen 3–4 Minuten weich und goldbraun anbraten. Mit einem Schaumlöffel herausnehmen und beiseitestellen.

5. Die Temperatur reduzieren und in derselben Pfanne die Senf- und Fenchelsamen, den Kreuzkümmel sowie die Curryblätter kurz anrösten.

6. Die Knoblauch-Ingwer-Paste untermischen und 2–3 Minuten mitbraten, dann Chilipulver und Kurkuma hinzufügen und alles weitere 30 Sekunden rösten.

7. Den restlichen Essig, das Tamarindenmark und den Zucker einrühren und alles 1 Minute erhitzen, dann die Auberginenstücke unterheben und alles 12–15 Minuten unter Rühren köcheln und eindicken lassen, bis die Mischung klebrig ist.

8. Die Auberginenmischung vom Herd nehmen und vollständig auskühlen lassen. In dicht verschließbare sterilisierte Gläser füllen. Die gebratenen Auberginen halten sich im Kühlschrank 5–6 Wochen.

Fruchtchutney

DIESES WEICHE, KLEBRIGE UND AUSSERGEWÖHNLICHE CHUTNEY PASST GUT ZU SCHARFEN CURRYS UND BROT, MACHT ABER AUCH AUS EINEM BANALEN KÄSEBROT EIN ERLEBNIS UND BEREICHERT JEDE KÄSEPLATTE.

FÜR 4 PORTIONEN | VORBEREITUNGSZEIT: 30 MINUTEN | GARZEIT: 20 MINUTEN

ZUTATEN

1 Knoblauchzehe, zerdrückt
½ TL geriebener frischer Ingwer
3 EL Tamarindenmark
60 g Birne, fein gehackt
60 g Apfel, fein gehackt
55 g getrocknete Datteln ohne Stein, fein gehackt
180 g Rosinen
180 ml Apfelessig
3 EL Rohrohrzucker
Salz

GEWÜRZE

½ TL gemahlene Kurkuma
2 TL Chilipulver
1 TL Kreuzkümmel, geröstet
½ TL Schwarzsalz oder Chat Masala

1. In einem Topf mit schwerem Boden alle Zutaten zusammen mit 60 ml Wasser bei mittlerer Temperatur unter stetigem Rühren erhitzen, bis sich der Zucker vollständig aufgelöst hat.

2. Die Temperatur etwas reduzieren und alles unter regelmäßigem Rühren etwa 20 Minuten köcheln lassen. Bei Bedarf etwas Wasser hinzufügen.

3. Anschließend die Mischung vom Herd nehmen und vollständig auskühlen lassen. In dicht verschließbare sterilisierte Gläser füllen. So hält sich das Chutney im Kühlschrank 5–6 Wochen.

Pikantes Apfelkompott

BEREITEN SIE DIESE EXOTISCHE FRUCHTMISCHUNG MINDESTENS EINEN TAG VOR DER VERWENDUNG ZU, WEIL DIE GEWÜRZE ZEIT BRAUCHEN, UM SICH ZU ENTFALTEN. DIE GERÖSTETEN GEWÜRZE MACHEN DIE SÄUERLICH EINGEMACHTEN APFELSTÜCKE SO BESONDERS. SIE PASSEN ZU KÄSE, BROT UND EINFACHEN PARATHAS (SIEHE S. 120).

FÜR 4–6 PORTIONEN | VORBEREITUNGSZEIT: 20 MINUTEN
GARZEIT: 7 MINUTEN | RUHEZEIT: 1½ STUNDEN

ZUTATEN

260 g säuerliche Kochäpfel, vom Kerngehäuse befreit und in dünne Scheiben geschnitten
3 TL Rohrohrzucker
2 TL Salz
2–3 EL Öl
1 frische rote Chilischote, der Länge nach aufgeschlitzt
6–8 Knoblauchzehen
7–8 frische Curryblätter
60 ml Weißweinessig

GEWÜRZE

1 TL Fenchelsamen
2 TL Senfsamen
1 EL Chilipulver
½ TL gemahlene Kurkuma
½ TL Bockshornkleesamen

1. Eine beschichtete Pfanne bei niedriger Temperatur erhitzen und darin die Fenchel- und Senfsamen 40–60 Sekunden unter Schwenken anrösten. Die Gewürze abkühlen lassen und im Mörser fein zerstoßen.

2. In einer großen Schüssel die Äpfel, das Chilipulver, die Kurkuma, den Zucker und das Salz vermischen, bis die Apfelstücke rundherum bedeckt sind. 10 Minuten ruhen lassen.

3. In einer Pfanne mit schwerem Boden oder einem Wok das Öl bei mittlerer Temperatur erhitzen. Die Chilischote, den Knoblauch, die Curryblätter und die Bockshornkleesamen darin 30–40 Sekunden vorsichtig anrösten.

4. Die Fenchelsamen-Senfsamen-Mischung hinzufügen und alles 1 Minute unter Rühren braten. Die Äpfel unterheben, dann den Essig einrühren. Alles vermengen, bis die Apfelscheiben vollständig von der Sauce überzogen sind, und weitere 5 Minuten garen.

5. Die Pfanne vom Herd nehmen, den Deckel auflegen und die Mischung 1–1½ Stunden ziehen lassen. Sobald die Mischung vollständig abgekühlt ist, in dicht verschließbare, sterilisierte Gläser füllen. So hält sich das Kompott im Kühlschrank 3–5 Wochen.

TIPP: Trocknen Sie die Apfelscheiben mit einem Geschirrtuch gründlich ab, ehe Sie sie in die Pfanne geben. Sie sollten keinen Saft mehr abgeben.

Knoblauch-Ingwer-Mischung mit roten Chilischoten

HIER VEREINEN SICH DREI GESCHMACKSINTENSIVE ZUTATEN, UM DAL, PARATHAS ODER GEMÜSEGERICHTEN EINEN EXTRA-KICK ZU VERLEIHEN. JE LÄNGER DAS GEMÜSE IN DEN GEWÜRZEN SCHMORT, DESTO ZARTER UND SÜSSLICHER WIRD ES.

FÜR 4 PORTIONEN | VORBEREITUNGSZEIT: 15 MINUTEN
GARZEIT: 15–18 MINUTEN

ZUTATEN

1½ EL Öl
50 g Knoblauch, geschält und in dicke Scheiben geschnitten
50 g frischer Ingwer, geschält und in feine Stifte geschnitten
150 ml Essig zum Einlegen
2–4 ganze frische rote Bird's-Eye-Chilischoten
1 TL Rohrohrzucker
¼ TL Salz

GEWÜRZE

¾ TL Bockshornkleesamen
¼ TL Chilipulver
½ TL gemahlene Kurkuma

1. In einer Pfanne das Öl bei mittlerer Temperatur erhitzen und darin die Bockshornkleesamen kurz anrösten. Dann zunächst den Knoblauch und anschließend den Ingwer hinzufügen und alles 4–5 Minuten unter Rühren braten.

2. Das Chilipulver, die Kurkuma, den Essig, die ganzen Chilischoten, den Zucker und das Salz unterrühren. Die Temperatur reduzieren und alles 10–12 Minuten unter Rühren braten, bis die Flüssigkeit verdampft und der Knoblauch weich ist. Die Mischung sofort verwenden oder in dicht verschließbare sterilisierte Gläser füllen. So hält sich die pikante Kombination im Kühlschrank 1–2 Wochen.

Sauerscharf eingelegte Mangos

SO SOLLEN INDISCHE OBSTKOMPOTTE SEIN: KLEBRIG, SCHARF UND EHRLICH. DIESER FAVORIT VIELER RESTAURANTKÖCHE WIRD AM LIEBSTEN ZU PAPADAMS UND FRITTIERTEN SNACKS VERZEHRT.

FÜR CA. 750 G | VORBEREITUNGSZEIT: 10 MINUTEN
RUHEZEIT: 15 MINUTEN | GARZEIT: 15–18 MINUTEN

ZUTATEN

4 frische Mangos, entsteint, geschält und in mittelgroße Würfel geschnitten
1½ TL Salz, plus etwas zum Abschmecken
2 EL Öl
abgeriebene Schale und Saft von 1 unbehandelten Limette
175 g Rohrohrzucker

GEWÜRZE

2 EL Chilipulver
2 TL Panch Phoron (siehe S. 13)

1. In einer Schüssel die Mangos gründlich mit 1½ TL Salz und dem Chilipulver vermengen. Anschließend 15 Minuten ruhen lassen.

2. In einer großen Pfanne oder einem Wok das Öl bei mittlerer Temperatur erhitzen und darin das Panch Phoron 25 Sekunden unter Rühren rösten.

3. Die Mangostücke dazugeben und unter Schwenken 6–8 Minuten braten. Limettenschale und -saft hinzufügen und die Mischung mit Salz abschmecken. Bei geschlossenem Deckel 5–7 Minuten köcheln lassen.

4. Den Zucker einrühren und die Mischung ohne Deckel köcheln lassen, bis die Flüssigkeit verdampft ist und die Mangos weich sind, aber nicht zerfallen.

5. Die Mischung vom Herd nehmen und abkühlen lassen. In dicht verschließbare sterilisierte Gläser füllen. So hält sich das Mangokompott im Kühlschrank 2–3 Wochen.

Eingelegte Zitronen mit Pfeffer, Ingwer und Knoblauch

DIESE GESUNDE AYURVEDISCHE KONSERVE WIRD IMMER BESSER, JE LÄNGER MAN SIE LAGERT, WEIL DIE ZITRONENSCHALE ZUNEHMEND ZARTER UND KÖSTLICHER WIRD. KLEIN GEHACKT VERZAUBERT DIE MISCHUNG SALATE, MARINADEN UND DRESSINGS ODER DIENT ALS AROMATISCHE GARNIERUNG. ABER AUCH ALS EXOTISCHE BEILAGE PASST SIE WUNDERBAR ZU HAUPTGERICHTEN UND SNACKS.

FÜR CA. 200 G | ZUBEREITUNGSZEIT: 15 MINUTEN

ZUTATEN

6–7 unbehandelte Zitronen, halbiert und jede Hälfte in 3 Spalten geschnitten
60 g frischer Ingwer, geschält und in lange Streifen geschnitten
30 g frische Pfefferkörner am Stängel
8–10 Knoblauchzehen
200 g Meersalzflocken
2 TL Rohrohrzucker

GEWÜRZE

3 TL Chilipulver (nach Belieben)
1 TL gemahlene Kurkuma

TIPPS: Falls Sie keine unbehandelten Zitronen bekommen, bürsten Sie die Früchte vor der Verwendung gründlich ab. Knoblauch und Ingwer sollten vor der Verarbeitung trocken getupft werden.

1. Die Zitronenstücke, die Ingwerstreifen, die Pfefferkörner sowie die Knoblauchzehen in eine Schüssel geben und nach Belieben mit dem Chilipulver, mit der Kurkuma, den Meersalzflocken und dem Zucker bedecken.

2. Die Würzmischung nun gründlich mit den Händen in die Zitronen einmassieren, bis diese vollständig umhüllt sind.

3. Die Zitronen in dicht verschließbare sterilisierte Gläser füllen. Die verschlossenen Gläser 6–8 Tage direkter Sonneneinstrahlung aussetzen, dabei jedes Glas alle zwei Tag kräftig schütteln. Im Kühlschrank halten sich die fertigen Zitronen 4–6 Wochen.

SECHSMAL Joghurt

1 MIT GEGRILLTER AUBERGINE

HEIZEN Sie den Backofengrill auf mittlere Temperatur auf.

REIBEN Sie 1 große Aubergine mit Öl ein. Die Oberfläche rundherum einstechen und die Aubergine 20 Minuten unter dem Backofengrill grillen, dabei alle 3–4 Minuten wenden, bis die Haut angekohlt und das Fleisch weich ist.

ABKÜHLEN lassen, dann die Haut abziehen und die Aubergine fein hacken oder zerstampfen.

ERHITZEN Sie in einer Pfanne ½ EL Öl. Darin ¼ TL Kreuzkümmelsamen, 4–5 frische Curryblätter, ¼ TL fein geriebenen frischen Ingwer und ¼ fein gehackte Zwiebel bei niedriger Temperatur unter Rühren 1–2 Minuten braten. Je ¼ TL gemahlene Koriandersamen und Chilipulver einrühren, alles mit Salz abschmecken und kurz erhitzen. Rühren Sie das Auberginenfleisch unter und braten Sie alles 6–8 Minuten.

NEHMEN Sie die Mischung vom Herd. Abkühlen lassen, dann in einer Schüssel mit 340 g Naturjoghurt vermischen.

BESTREUEN Sie den Auberginen-Joghurt vor dem Servieren nach Belieben mit fein gehacktem Koriandergrün und ½ EL Granatapfelkernen.

2 MIT KARTOFFEL UND GERÖSTETEM KREUZKÜMMEL

KOCHEN Sie 1 große Kartoffel in der Schale weich. Abkühlen lassen und klein würfeln.

RÖSTEN Sie in einer beschichteten Pfanne je 1 TL Kreuzkümmel und Granatapfelkerne sowie ¼ TL Koriandersamen trocken an.

ABKÜHLEN lassen und im Mörser grob zerstoßen. 1 TL zum Bestreuen beiseitelegen.

VERMISCHEN Sie die Gewürze und die Kartoffelwürfel mit 340 g Naturjoghurt und ¼ TL Chat Masala.

SCHMECKEN Sie alles mit Meersalz und grob gemahlenem schwarzem Pfeffer ab.

BESTREUEN Sie den Joghurt mit der restlichen Gewürzmischung und fein gehacktem frischem Koriandergrün.

3 MIT SPINAT UND MINZE

VERARBEITEN Sie 5–6 frische Minzeblätter, 1 große Prise getrocknete Minze, 1 fein gehackte Knoblauchzehe, 1 TL gerösteten Kreuzkümmel und 1 große Prise Salz in einem Mörser zu einer glatten Paste.

VERMISCHEN Sie in einer Schüssel 225 g gegarten gehackten Spinat und die Minzpaste mit 225 g Natur- oder griechischem Joghurt.

BESTREUEN Sie den Joghurt nach Belieben mit einem 2 cm großen Stück frischem Ingwer, geschält und gerieben, sowie in feine Streifen geschnittener roter Chilischote.

4 MIT KNUSPRIG FRITTIERTER OKRA

GEBEN Sie 225 g Natur- oder griechischen Joghurt in eine Schüssel.

RÜHREN Sie ¼ TL getrocknete Minze, 1 große Prise Chilipulver und ¼ TL Chat Masala sorgfältig in den Joghurt ein. Die Mischung mit Salz abschmecken.

GARNIEREN Sie den Joghurt mit 2 EL knusprig frittierter Okra (siehe S. 232) sowie nach Belieben mit 1 großen Prise fein zerstoßenem geröstetem Kreuzkümmel und gerösteten Sesamsamen.

5 MIT ROHEM GEMÜSE

VERMENGEN Sie in einer Schüssel ½ sehr fein gehackte kleine Karotte, ¼ fein gehackte Selleriestange, ¼ fein gehackte grüne Paprikaschote, ¼ fein gehackte rote Zwiebel, 1 EL fein gehacktes frisches Koriandergrün und 1 kleine von Samen befreite und fein gehackte Tomate.

HEBEN Sie 225 g Natur- oder griechischen Joghurt, 1 fein zerdrückte Knoblauchzehe, ¼ TL gemahlenen Kreuzkümmel und etwas Salz behutsam unter die Gemüsemischung.

ERHITZEN Sie in einer Pfanne ¼ EL Öl. Darin ½ TL schwarze Senfsamen, ½ in feine Ringe geschnittene rote Chilischote und 3–4 frische Curryblätter kurz anbraten. Die Mischung etwas abkühlen lassen. Einen kleinen Teil zum Garnieren beiseitelegen, den Rest mit dem Joghurt verrühren.

BESTREUEN Sie den Joghurt vor dem Servieren mit der restlichen gebratenen Würzmischung.

6 MIT KAROTTE, GURKE UND KORIANDERGRÜN

VERMISCHEN Sie in einer großen Schüssel ½ geraspelte Karotte, ein 5 cm langes Stück Salatgurke, entkernt, geraspelt und in einem Geschirrtuch gründlich ausgedrückt, je ¼ sehr fein gehackte Knoblauchzehe und grüne Chilischote (nach Belieben von Samen befreit), je ¼ TL getrocknete Minze und gemahlenen Kreuzkümmel sowie nach Belieben 1 große Prise Chat Masala mit 225 g Naturjoghurt. Die Mischung mit Salz und schwarzem Pfeffer abschmecken.

SERVIEREN Sie den Joghurt nach Belieben mit 1 EL Frühlingszwiebeln, Koriandergrün und Minze (siehe S. 232) bestreut.

1
2
3
4
5
6

Desserts und Getränke

KAPITEL 7

Pistazien-Kulfi

DIES IST EINE SCHNELLE VARIANTE DES INDISCHEN SPEISEEIS-KLASSIKERS. ERSETZEN SIE DIE PISTAZIEN NACH GESCHMACK DURCH GEHACKTE FRISCHE ODER GETROCKNETE FRÜCHTE UND/ODER GEMISCHTE NÜSSE. DAS KULFI SCHMECKT SCHON FÜR SICH ALLEIN WUNDERBAR, SIE KÖNNEN DAZU ABER ZUM BEISPIEL AUCH GEGRILLTE TROPISCHE FRÜCHTE SERVIEREN.

FÜR 4 PORTIONEN | VORBEREITUNGSZEIT: 10 MINUTEN
GEFRIERZEIT: MINDESTENS 6 STUNDEN

ZUTATEN

600 ml Crème double oder süße Sahne
600 ml gesüßte Kondensmilch
600 ml ungesüßte Kondensmilch
2 EL fein gehackte Pistazienkerne

GEWÜRZE

2 Prisen Safranfäden, in etwas warmer Milch eingeweicht
2 Prisen gemahlene grüne Kardamomsamen
1 TL Kewrawasser (nach Belieben)

1. In einer großen Schüssel die Crème double oder Sahne und die beiden Kondensmilchsorten gründlich miteinander verschlagen.

2. Den Safran samt der Milch, die Kardamomsamen und das Kewrawasser hinzufügen und unterschlagen.

3. 1 EL der gehackten Pistazien beiseitelegen, den Rest unter die Sahnemischung heben. Die Masse in einen tiefkühlgeeigneten Behälter füllen.

4. Die Eismasse mindestens 6 Stunden im Tiefkühlfach gefrieren lassen. 5–10 Minuten vor dem Servieren herausnehmen und mit den restlichen Pistazien bestreuen.

TIPPS: Rühren Sie das Eis nach 3 Stunden Gefrierzeit einmal durch, damit sich die Pistazien nicht am Boden ablagern. Sie können das Kulfi natürlich auch in Portionsförmchen einfrieren.

Mandel-Safran-Kuchen

DIE ORANGENSCHALE VERLEIHT DIESEM SUPERSAFTIGEN UND DENNOCH FEDERLEICHTEN KUCHEN EINE ZARTE BITTERNOTE, DIE KARDAMOMSAMEN SORGEN FÜR BISS. EIN DESSERT FÜR JEDE TAGESZEIT!

FÜR 8–10 PORTIONEN | VORBEREITUNGSZEIT: 1 STUNDE
BACKZEIT: 50–55 MINUTEN

ZUTATEN

2 unbehandelte Orangen (ca. 280 g), einschließlich Schale grob gehackt
5 Eier, getrennt
200 g extrafeiner Zucker
227 g gemahlene Mandeln
2 EL Mandelblättchen
2 EL Puderzucker, gesiebt

GEWÜRZE

1 kleine Prise gemahlene Kardamomsamen
1 Prise Safranfäden, in warmer Milch eingeweicht

1. Den Backofen auf 180 °C vorheizen und Boden und Rand einer Springform (23 cm ø) mit Backpapier auskleiden.

2. Die Orangen zusammen mit 1 EL Wasser in einen Topf geben, den Deckel auflegen und die Früchte etwa 30 Minuten köcheln lassen, bis sie weich sind und die Flüssigkeit aufgenommen haben. Vom Herd nehmen, abkühlen lassen und im Mixer oder mit dem Messer fein hacken.

3. In einer fettfreien, trockenen Schüssel das Eiweiß leicht steif schlagen. Nach und nach die Hälfte des Zuckers einrieseln lassen und 1 Minute einarbeiten.

4. In einer anderen Schüssel das Eigelb 2–3 Minuten mit dem restlichen Zucker verschlagen. Zunächst die Orangenstücke unterheben, dann die gemahlenen Mandeln, die Kardamomsamen und den Safran samt der Milch einrühren. Mit einem großen Metalllöffel nach und nach behutsam den Eischnee unter die Orangenmasse ziehen.

5. Den Teig in die Springform füllen und mit den Mandelblättchen bestreuen. In den Ofen schieben und 50–55 Minuten goldbraun backen. Dabei den Zustand alle 20 Minuten überprüfen, damit der Kuchen nicht anbrennt.

6. Den Kuchen in der Form vollständig abkühlen lassen, dann aus der Form lösen, wenden und mit Puderzucker bestäuben. In einem luftdichten Behälter bleibt er 2–3 Tage frisch.

Orangen-Karotten-Bällchen mit Schokolade

BESONDERS WIRKUNGSVOLL SERVIERT MAN DIESE KLEINEN KÖSTLICHKEITEN, WENN MAN SIE ZUR PYRAMIDE AUFSCHICHTET. ÜBERZIEHEN SIE SIE IN LOCKEREN LINIEN MIT GESCHMOLZENER DUNKLER SCHOKOLADE UND BESTREUEN SIE SIE MIT GERÖSTETEN NÜSSEN. SIE KÖNNEN DIE SCHOKOLADE ABER AUCH EINFACH ZUM DIPPEN DAZUSTELLEN.

FÜR 4–6 PORTIONEN | VORBEREITUNGSZEIT: 30 MINUTEN
GARZEIT: 1½ STUNDEN

ZUTATEN

450 g Karotten, geschält und fein geraspelt
abgeriebene Schale von 2 großen unbehandelten Orangen
55 g sehr fein gehackte Mandeln
140 g extrafeiner Zucker
720 ml Vollmilch
85 g Ghee oder Butter
2 EL Pistazien, leicht geröstet
150 g hochwertige dunkle Schokolade
2 EL Mandelblättchen, leicht geröstet

GEWÜRZE

6–8 grüne Kardamomkapseln

1. Die Karotten, die Orangenschale, die gehackten Mandeln, den Zucker und die Milch in einem Topf mit schwerem Boden bei niedriger Temperatur unter Rühren erhitzen, bis sich der Zucker vollständig aufgelöst hat. Die Temperatur etwas erhöhen und die Mischung etwa 1½ Stunden köcheln und eindicken lassen. Dabei gelegentlich umrühren, damit die Karotten nicht am Topfboden ansetzen. In den letzten Minuten ständig rühren.

2. Im Mörser oder mit einer Teigrolle die Kardamomkapseln aufbrechen und die Samen zerstoßen.

3. In einer Pfanne das Ghee oder die Butter schmelzen und darin die Kardamomkapseln und -samen kurz anrösten. Die Karottenmischung unterrühren und alles bei mittlerer Temperatur bräunlich braten.

4. Vom Herd nehmen, abkühlen lassen und die Kardamomkapseln entfernen. Teelöffelweise den Teig zu glatten Bällchen formen und diese nebeneinander auf eine Platte setzen oder zu einer Pyramide aufschichten.

5. In einer trockenen Pfanne bei niedriger Temperatur die Pistazien und Mandelblättchen hellbraun rösten. Vom Herd nehmen und abkühlen lassen.

6. Die Schokolade in Stücke brechen und in eine hitzebeständige Schüssel geben. Diese so auf einen Topf mit köchelndem Wasser setzen, dass sie das Wasser nicht berührt. Die Schokolade behutsam unter Rühren schmelzen lassen.

7. Mit einer Teigrolle die gerösteten Mandelblättchen und Pistazien zerkleinern.

8. Die Bällchen großzügig in Linien mit flüssiger Schokolade beträufeln und mit der Mandel-Pistazien-Mischung bestreuen.

TIPP: Der Topf muss einen schweren Boden haben, damit die Karottenmischung nicht anbrennt.

Fruchtsalat mit ganzen Gewürzen

DIESES EINFACH ZUBEREITETE, LEICHTE DESSERT IST DER PERFEKTE ABSCHLUSS FÜR EINE ETWAS ÜPPIGERE MAHLZEIT. SERVIEREN SIE DAZU HOCHWERTIGES EIS ODER VERFEINERN SIE DEN SIRUP NOCH MIT EINEM TRÖPFCHEN RUM UND INGWERSTREIFEN.

FÜR 4–5 PORTIONEN | VORBEREITUNGSZEIT: 40 MINUTEN
GARZEIT: 6–7 MINUTEN | RUHEZEIT: 1 STUNDE

ZUTATEN

110 g extrafeiner Zucker
abgeriebene Schale und Saft von 1 unbehandelten Limette
abgeriebene Schale und Saft von 1 unbehandelten Zitrone
1 kleine Ananas, in mundgerechte Stücke geschnitten
1 große Mango, entsteint und in feine Spalten geschnitten
2 Kiwis, in dünne Scheiben geschnitten
1 große Blutorange, geschält und in dünne Scheiben geschnitten
5 Litschis, halbiert
½ Papaya, in feine Spalten geschnitten
2 Passionsfrüchte
4 EL frische Heidelbeeren

GEWÜRZE

2 Gewürznelken
1 Sternanis
1 Zimtstange
1 Vanilleschote, der Länge nach aufgeschlitzt und das Mark herausgekratzt

1. In einem Topf den Zucker zusammen mit den Gewürznelken, dem Sternanis, der Zimtstange, der Vanilleschote und dem -mark sowie 110 ml Wasser unter Rühren erhitzen, bis sich der Zucker aufgelöst hat. Dann alles 5–6 Minuten köcheln lassen.

2. Den Saft und die Schale der Zitrusfrüchte in die Mischung einrühren. Diese dann vom Herd nehmen und vollständig abkühlen lassen.

3. In der Zwischenzeit alle Früchte dekorativ auf einer Servierplatte anrichten. Mit dem abgekühlten Sirup begießen und den Fruchtsalat mindestens 1 Stunde ziehen lassen.

Granatapfel-Granita

DIESES HALBGEFRORENE DESSERT IST GANZ EINFACH ZU MACHEN UND LÄSST SICH MIT DEN VERSCHIEDENSTEN FRÜCHTEN ZUBEREITEN – PROBIEREN SIE DOCH GELEGENTLICH EINMAL WASSERMELONE, ANANAS, BLUTORANGE, ZITRONE UND MINZE ODER HEIDELBEEREN. AUCH ALS STYLISCHES GETRÄNK MACHT DAS SORBETARTIGE FRUCHTDESSERT EINE MENGE HER: EINFACH EINEN GROSSEN LÖFFEL DAVON IN EIN SCHÖNES GLAS GEBEN, MIT 1 TL GRANATAPFELKERNEN BESTREUEN UND MIT GUT GEKÜHLTEM PROSECCO AUFGIESSEN.

FÜR 4 PORTIONEN | VORBEREITUNGSZEIT: 20 MINUTEN
GEFRIERZEIT: 2½ STUNDEN

ZUTATEN
400 ml Granatapfelsaft
125 ml Orangensaft
50 g extrafeiner brauner Zucker
Saft von ½ Limette

GEWÜRZE
1 TL Rosenwasser (nach Belieben)

1. Den Granatapfel- und den Orangensaft in einen Topf geben und darin bei niedriger Temperatur den Zucker unter Rühren auflösen. Den Limettensaft und nach Belieben das Rosenwasser einrühren, dann die Mischung abkühlen lassen.

2. Die Saftmischung in einen flachen Metallbehälter gießen und ins Tiefkühlfach stellen. Etwa 1 Stunde fest werden lassen, dann mit einer Gabel durchrühren und anschließend für weitere 1–2 Stunden ins Tiefkühlfach stellen.

3. Die Granita auf Gläser verteilen und sofort servieren.

TIPPS: Es ist wichtig, ein Metallgefäß zu verwenden, denn das Metall sorgt dafür, dass die Granita kühl bleibt und die richtige Konsistenz behält. Rühren Sie das Gemisch während des Gefrierens alle 60 Minuten um, um die Eiskristalle aufzubrechen, bis die Granita luftig und feinkörnig ist.

Süße Fadennudeln mit Honig und Rosinen

DIESES ÜPPIGE, SEELENTRÖSTENDE DESSERT IST IN WENIGEN MINUTEN FERTIG UND SCHMECKT WARM EBENSO WUNDERBAR WIE KALT. ERGÄNZT DURCH GEBRATENE ODER GEKOCHTE PFLAUMEN, ÄPFEL ODER PFIRSICHE MACHT ES SOGAR NOCH MEHR SPASS.

FÜR 4 PORTIONEN | VORBEREITUNGSZEIT: 10 MINUTEN
GARZEIT: 8–10 MINUTEN

ZUTATEN

2 EL Ghee oder Butter
100–125 g feine Weizenfadennudeln, grob zerkleinert
500 ml Vollmilch
3–4 EL extrafeiner Zucker
1 EL Rosinen oder fein gehackte getrocknete Aprikosen oder Datteln ohne Stein
abgeriebene Schale von 2 unbehandelten Orangen
1 EL Crème double

GEWÜRZE

¼ TL gemahlene Kardamomsamen

ZUM SERVIEREN

1 EL flüssiger Honig
1 EL Mandelblättchen, leicht geröstet

TIPP: Die Weizennudeln können Sie auch durch Reisnudeln ersetzen.

1. In einer Pfanne mit schwerem Boden bei mittlerer Temperatur das Ghee oder die Butter erhitzen und darin die zerkleinerten Fadennudeln etwa 1 Minute goldbraun anbraten.

2. Die Temperatur reduzieren und die Milch, den Zucker, den Kardamom, die Rosinen oder Aprikosen oder Datteln und die Orangenschale untermischen. Alles 5 Minuten leicht köcheln lassen, dann die Crème double einrühren und die Mischung weitere 2–3 Minuten köcheln und eindicken lassen.

3. Die Masse vom Herd nehmen und auf dekorative Gläschen oder Schalen verteilen. Mit flüssigem Honig beträufeln und mit gerösteten Mandelblättchen bestreuen.

Masala Chai

UM DIESER MISCHUNG ZUSÄTZLICH EINEN HAUCH VON DEKADENZ ZU VERLEIHEN, FÜGEN SIE NOCH GETROCKNETE ROSENBLÜTENBLÄTTER UND SAFRAN HINZU. FÜR EINE ERDIGERE NOTE KÖNNTEN MUSKATNUSS UND STERNANIS SORGEN. WENN ES EINMAL SCHNELLER GEHEN SOLL, GEBEN SIE EINFACH EINEN LÖFFEL DER MASALA-MISCHUNG IN EINE KANNE FRISCH GEBRÜHTEN SCHWARZTEE UND SERVIEREN SIE DEN CHAI DANN AUF TRADITIONELLE WEISE MIT ETWAS MILCH.

FÜR 250 ML | VORBEREITUNGSZEIT: 15 MINUTEN | KOCHZEIT: 8–10 MINUTEN

ZUTATEN

150 ml Milch
1 Beutel Schwarztee
Zucker nach Geschmack

GEWÜRZE

85 g Fenchelsamen
30 grüne Kardamomkapseln, leicht zerstoßen
1½ TL Gewürznelken
1½ Zimtstangen
3 TL gemahlener Ingwer
55 g Macis (Muskatblüte)

1. Eine Pfanne bei niedriger Temperatur erhitzen und darin die Fenchelsamen, den Kardamom, die Gewürznelken und den Zimt 5–7 Minuten trocken rösten. Vom Herd nehmen und vollständig abkühlen lassen.

2. Die gerösteten Gewürze zusammen mit dem gemahlenen Ingwer und der Macis im Mörser zu einem groben Pulver zerstoßen. Diese Masala-Mischung hält sich in einem luftdichten Behälter bis zu 2 Monate.

3. Für 1 Tasse Chai in einem kleinen Topf die Milch und 100 ml Wasser zusammen mit 2 TL von der Masala-Mischung und dem Teebeutel bei mittlerer Temperatur 4–5 Minuten erhitzen. Langsam aufkochen, dann die Temperatur reduzieren und nach Belieben Zucker einrühren. Die Mischung durch ein Teesieb abgießen und genießen.

TIPP: Masala Chai und warme Samosas sind ein absolut unwiderstehliches Paar.

Ayurvedischer Jamu-Stärkungstrank

DIESES AYURVEDISCHE TONIKUM WIRKT ANTIOXIDATIV UND REGT OBENDREIN DEN KREISLAUF AN. DEN GRÖSSTEN NUTZEN BRINGT ES, WENN SIE ES – OB WARM ODER KALT – ÜBER DEN TAG VERTEILT IMMER WIEDER TRINKEN.

FÜR 1 L | ZUBEREITUNGSZEIT: 1 STUNDE

ZUTATEN

1 EL Agavensirup (natürliches Süßungsmittel aus dem Bioladen, nach Belieben)
75 g getrocknete Tamarinde
frisch gepresster Saft von 2 Limetten
5 EL Manuka-Honig (aus dem Bioladen oder Reformhaus)

GEWÜRZE

40 g gemahlene oder ½ TL geschälte und fein gehackte frische Kurkuma

1. In einem Topf 1 l gefiltertes Wasser, die Kurkuma, nach Belieben den Agavensirup und die Tamarinde aufkochen und 30 Minuten köcheln lassen.

2. Vom Herd nehmen und den Limettensaft sowie den Manuka-Honig einrühren. So lange wie möglich abkühlen lassen.

3. Das Getränk durch ein Teesieb in einen Krug mit Deckel abgießen. Im Kühlschrank hält sich das Jamu-Getränk bis zu 2 Tage.

Heiße Schokolade mit Chili

DIESE EIGENWILLIGE, CHILIGESPICKTE HEISSE SCHOKOLADE WIRD ZUSÄTZLICH MIT ROTEN CHILIFLOCKEN BEFEUERT. MUSKATNUSS UND ZIMT SETZEN IHRE WÄRMENDE SÜSSE DAGEGEN. SÜSSES FRÜCHTEBROT DAZU VERFÜHRT ZUM TUNKEN.

FÜR 4 PORTIONEN | VORBEREITUNGSZEIT: 5 MINUTEN
ZEIT ZUM ZIEHEN: 8–10 MINUTEN | GARZEIT: 8–10 MINUTEN

ZUTATEN

750 ml Vollmilch
75 ml süße Sahne
25 g Trinkkakaopulver
150 g hochwertige dunkle Schokolade (mindestens 70 % Kakaoanteil), grob gehackt
Zucker nach Geschmack

GEWÜRZE

1 getrocknete rote Chilischote
1 Zimtstange
1 Prise frisch geriebene Muskatnuss
Zucker nach Geschmack

ZUM SERVIEREN

6 EL geschlagene Sahne
Schokoraspel und rote Chiliflocken zum Bestreuen

1. In einem Topf mit schwerem Deckel die Milch und die Sahne zusammen mit der Chilischote, dem Zimt und der Muskatnuss bei mittlerer Temperatur aufkochen. Die Mischung vom Herd nehmen und 8–10 Minuten ziehen lassen.

2. Die gewürzte Milch durch ein feines Sieb in einen sauberen Topf abgießen und bei niedriger Temperatur 2–3 Minuten erhitzen, ohne sie aufzukochen.

3. Die Temperatur reduzieren. Das Kakaopulver und die Schokolade in die Milch geben und rühren, bis sich beides vollständig aufgelöst hat. Das Getränk nach Geschmack mit Zucker süßen.

4. Die heiße Schokolade auf Tassen verteilen. Auf jede Portion etwas Schlagsahne setzen und diese mit Schokoraspeln und einer feinen Prise Chiliflocken bestreuen.

Gewürzkaffee

GENIESSEN SIE DIESEN KAFFEE MIT EXOTISCH-ERDIGER KARDAMOM-MILCH ALS BELEBENDES MORGENGETRÄNK ODER SERVIEREN SIE IHN IN SCHNAPSGLÄSCHEN ALS ABSCHLUSS EINES SCHÖNEN ABENDESSENS. DEN KARDAMOM KÖNNEN SIE GANZ NACH GESCHMACK AUCH DURCH EIN ANDERES GEWÜRZ, ZUM BEISPIEL ZIMT, MUSKATNUSS ODER STERNANIS, ERSETZEN.

FÜR 1 GROSSE TASSE | ZUBEREITUNGSZEIT: 5–6 MINUTEN

ZUTATEN
150 ml Milch
80 ml frisch aufgebrühter Kaffee Ihrer Wahl
Zucker nach Geschmack

GEWÜRZE
5–6 Kardamomkapseln, leicht zerstoßen

1. Die Milch zusammen mit dem Kardamom in einem Topf bei mittlerer Temperatur 4–5 Minuten erhitzen. Dabei rühren und schlagen, bis die Milch schaumig ist. Beiseitestellen und etwas ruhen lassen, damit die Milch das Aroma des Kardamoms annehmen kann.

2. Die gewürzte Milch durch ein feines Sieb in einen anderen Topf abgießen.

3. Kurz vor dem Servieren die Milch sanft erhitzen. Den frisch aufgebrühten Kaffee in einen Kaffeebecher oder eine große Tasse geben. Mit der Gewürzmilch aufgießen und nach Geschmack mit Zucker süßen.

Ayurvedischer Entgiftungstee

DIESER EINFACHE, REINIGENDE TEE BELEBT DEN KÖRPER UND REGT STOFFWECHSEL UND VERDAUUNGSSYSTEM AN. VERSUCHEN SIE, DIESES KÖSTLICH AROMATISIERTE WASSER ÜBER DEN GANZEN TAG VERTEILT ZU TRINKEN. HONIG ODER APFELSAFT SORGEN NACH BEDARF FÜR ZURÜCKHALTENDE SÜSSE.

FÜR 1 L | VORBEREITUNGSZEIT: 5 MINUTEN
ZEIT ZUM ZIEHEN: 10–15 MINUTEN | KOCHZEIT: 10 MINUTEN

ZUTATEN

2 dünne Scheiben frischer Ingwer

GEWÜRZE

1 TL Kreuzkümmel
5 Gewürznelken
½ TL schwarze Pfefferkörner
1 TL Fenchelsamen
1 TL Koriandersamen
1 Zimtstange

1. Den Ingwer zusammen mit den Gewürzen in einen Topf mit 1 l gefiltertem Wasser geben und alles zum Kochen bringen. Dann die Temperatur reduzieren und die Mischung 5–10 Minuten köcheln lassen.

2. Den Herd abschalten. Den Deckel auf den Topf legen und den Tee 10–15 Minuten ziehen lassen. Warm oder kalt trinken.

Frische herb-süße Limonade

GETRÄNKE MIT EINER KOMBINATION AUS SÄUERLICH, SÜSS UND SALZIG PASSEN BESONDERS GUT ZU SCHARFEN GERICHTEN, SIND ABER AUCH EINE IDEALE ERFRISCHUNG FÜR ZWISCHENDURCH. BEI BEDARF SORGT EIN SPRITZER GIN FÜR DAS GEWISSE ETWAS.

FÜR 6 PORTIONEN | VORBEREITUNGSZEIT: CA. 15 MINUTEN
ZEIT ZUM ZIEHEN: 10 MINUTEN

ZUTATEN

125 ml Limettensaft (von 6–7 Limetten)
125 ml Zitronensaft (von 6–7 Zitronen)
½ TL Salz
2 EL extrafeiner Zucker
½ unbehandelte Limette, in Scheiben geschnitten
½ unbehandelte Zitrone, in Scheiben geschnitten
1 l spritziges oder stilles Mineralwasser oder Tonic Water

ZUM SERVIEREN

Eiswürfel

1. In einem kleinen Krug den Limetten- und den Zitronensaft mit dem Salz und dem Zucker verrühren.

2. Die Mischung etwa 10 Minuten ruhen lassen, bis sich Salz und Zucker vollständig aufgelöst haben.

3. Die Saftmischung auf Gläser verteilen, Limetten- und Zitronenscheiben dazugeben und jedes Glas mit Mineralwasser oder Tonic Water aufgießen. Mit Eiswürfeln servieren.

Süßes und salziges Lassi

LASSI IST EIN TRADITIONELLES LEICHTES JOGHURTGETRÄNK. IN INDIEN WIRD DIE KÜHLENDE MISCHUNG AUS JOGHURT, WASSER, GEWÜRZEN UND MANCHMAL AUCH FRÜCHTEN GERN AN SEHR HEISSEN TAGEN ODER ZU SCHARFEM ESSEN GETRUNKEN. VOR DEM SERVIEREN KANN LASSI GERN EIN PAAR STUNDEN IM KÜHLSCHRANK GELAGERT WERDEN.

FÜR 2–3 GLÄSER | ZUBEREITUNGSZEIT: 5–10 MINUTEN

SALZIGES LASSI

ZUTATEN

600 g gekühlter Naturjoghurt
7–8 Eiswürfel, zerstoßen
1 TL Schwarzsalz oder Salz

GEWÜRZE

1½ TL Kreuzkümmel, geröstet und grob zerstoßen, plus etwas zum Bestreuen

ZUM SERVIEREN

5–6 Blätter frische Minze

1. In einem Krug den Joghurt mit 250 ml kaltem Wasser, dem Kreuzkümmel und dem Salz schaumig schlagen.

2. Das Eis auf große Gläser verteilen und mit dem Lassi aufgießen. Mit etwas geröstetem Kreuzkümmel bestreuen und mit Minzeblättchen dekoriert servieren.

SÜSSES LASSI

ZUTATEN

350 g Naturjoghurt
6 TL Zucker
125 ml Wasser oder kalte Milch
7–8 Eiswürfel, zerstoßen

GEWÜRZE

1 große Prise gemahlene Kardamomsamen, plus etwas zum Bestreuen
1 kleine Prise Safranfäden, in etwas warmer Milch eingeweicht
1 TL Rosenwasser

ZUM SERVIEREN

1 EL zerstoßene Pistazien und blanchierte Mandeln

1. In einem Krug den Joghurt, den Kardamom, den Safran samt Milch zum Einweichen, das Rosenwasser und den Zucker mit dem Wasser oder der Milch schaumig rühren.

2. Das Eis auf große Gläser verteilen und mit dem Lassi aufgießen. Mit gemahlenem Kardamom und der Pistazien-Mandel-Mischung bestreuen und servieren.

Grundrezepte

KAPITEL 8

TAMARINDENMARK

Während die meisten Gerichte der nordindischen Küche vor allem auf Tomaten basieren, ist die essenzielle Zutat Südindiens die Tamarinde, vor allem in Rezepten mit Saucen. Diese fruchtig-säuerliche Paste sorgt für Intensität und Frische. Sie ist sehr vielseitig und leicht herzustellen – machen Sie also gleich eine große Portion und verwenden Sie das Produkt zum Aufpeppen von Marinaden, Dips und Chutneys oder Reis-, Gemüse- und Fischgerichten.

FÜR 350–500 G
VORBEREITUNGSZEIT: CA. 10 MINUTEN
GARZEIT: 10–12 MINUTEN

ZUTATEN

200 g zum Block gepresste Tamarinde ohne Kerne

1. Die Tamarinde zusammen mit 350 ml Wasser in einen Topf geben und 10–12 Minuten köcheln lassen, bis sie aufgeweicht ist. Die Mischung durch ein feines Sieb abgießen und das Mark mit dem Löffelrücken durch das Sieb passieren, sodass Samen und Fasern im Sieb zurückbleiben. Das passierte Tamarindenmark etwas abkühlen lassen, dann mit den Fingern etwas auflockern.

2. Das Tamarindenmark in ein Gefäß mit Schraubverschluss füllen. Es hält sich im Kühlschrank bis zu 1 Monat.

SAFRANESSENZ

Safran ist eine kostbare Würzzutat, die teuerste der Welt. Schon eine winzige Menge dieser feinen Fäden kann viel bewirken. Durch das Einweichen wird die Farbe gelöst, und das Aroma verteilt sich gleichmäßig im Gericht.

FÜR CA. 55 ML
VORBEREITUNGSZEIT: CA. 10 MINUTEN
ZEIT ZUM EINWEICHEN: 15–25 MINUTEN

GEWÜRZE

2–3 Safranfäden

ZUTATEN

50 ml warme Flüssigkeit, z. B. Milch, Wasser oder Brühe

1. Die Safranfäden in einer kleinen Schüssel 15–25 Minuten in der warmen Flüssigkeit einweichen.

2. Bei der Verwendung den Safran mitsamt der Einweichflüssigkeit in das Gericht einrühren – normalerweise gegen Ende der Zubereitung.

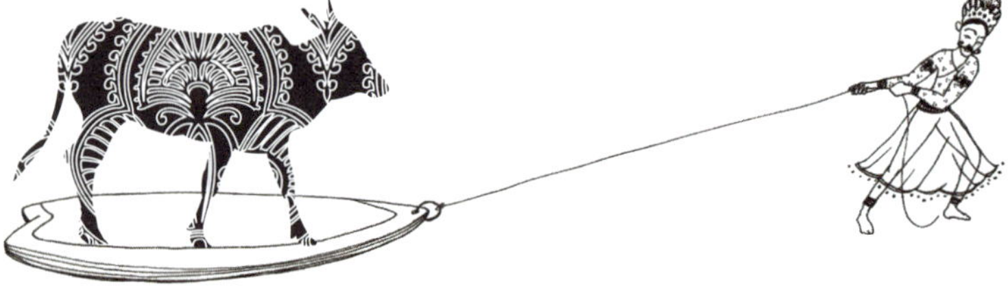

UNENTBEHRLICHE WÜRZPASTEN

DIE FOLGENDEN BEIDEN WÜRZPASTEN SIND AUS DER INDISCHEN KÜCHE NICHT WEGZUDENKEN. ES LOHNT SICH ALSO, GLEICH GRÖSSERE MENGEN DAVON HERZUSTELLEN. IN JEDEM FALL SOLLTEN SIE SPÄTESTENS ZWEI TAGE VOR DER VERWENDUNG ZUBEREITET WERDEN.

KARAMELLISIERTE ZWIEBEL-PASTE

Eine süße, seidig weiche Paste für alle Saucen und Marinaden auf Zwiebelbasis. Sie verleiht jedem Gericht ein glänzendes Finish. Reichhaltiger wird sie mit Cashewkernen, Joghurt oder geröstetem Knoblauch und Ingwer.

FÜR 450 G
VORBEREITUNGSZEIT: CA. 10 MINUTEN
GARZEIT: CA. 30 MINUTEN

ZUTATEN

4–5 EL Öl

550 g Zwiebeln, klein geschnitten

1. In einer Pfanne mit schwerem Boden das Öl bei mittlerer Temperatur erhitzen und darin die Zwiebeln 5–8 Minuten unter Rühren anschwitzen.

2. Die Temperatur erhöhen und die Zwiebeln in weiteren 15–20 Minuten unter Rühren goldbraun braten. Anschließend im Mixer glatt pürieren.

3. Die Paste in ein dicht verschließbares Einmachglas füllen. So hält sie sich im Kühlschrank bis zu 1 Woche. Alternativ lässt sie sich gut in kleinen Portionen einfrieren.

TIPP: Bei Bedarf etwas Wasser oder Öl einrühren.

INGWER-KNOBLAUCH-PASTE

Diese fabelhafte Paste ist sehr vielseitig. Sie wirkt Wunder in Currys, Marinaden, Dressings und Dips. Wenn Sie es besonders pikant mögen, können Sie noch ein paar frische Chilischoten mit verarbeiten.

FÜR CA. 110 G
ZUBEREITUNGSZEIT: 10–12 MINUTEN

ZUTATEN

60 g frischer Ingwer, geschält und grob gehackt

80 g Knoblauchzehen, grob gehackt

1. Den Ingwer und den Knoblauch zusammen im Mixer oder Mörser zu einer feinen Paste verarbeiten.

2. Die Paste in ein dicht schließendes Einmachglas füllen. So hält sie sich im Kühlschrank bis zu 3 Tage. Alternativ lässt sie sich gut in kleinen Portionen einfrieren.

TIPP: Wollen Sie die Paste länger als 1–2 Tage aufbewahren, gießen Sie das Einmachglas mit Öl auf.

FRÜHLINGSZWIEBELN, KORIANDERGRÜN UND MINZE

Diese erfrischende, reinigende Mischung krönt Joghurtzubereitungen, Fleisch, Chutneys und Salate.

FÜR CA. 3 EL
ZUBEREITUNGSZEIT: CA. 5 MINUTEN

ZUTATEN

3 Frühlingszwiebeln

¼ Bund frisches Koriandergrün

6–7 Blättchen frische Minze

Alle Zutaten sehr fein schneiden, vermischen und sofort verbrauchen.

TIPP: Minze und Koriandergrün verfärben sich schwarz, wenn sie zu lange stehen. Falls Sie die Mischung nicht sofort aufbrauchen, geben Sie sie zusammen mit 1 TL Öl in ein kleines Gefäß und lagern Sie sie im Kühlschrank.

KNUSPRIG FRITTIERTE OKRA

Dies ist einmal eine ganz andere, interessante Art, Okra zuzubereiten. Die knusprigen Schoten eignen sich zum Garnieren von Dals, Joghurt, Salaten und Reis. Mit etwas Chat Masala bestreut wird daraus aber auch ein köstlicher warmer, krosser Snack.

FÜR 500 G
VORBEREITUNGSZEIT: 12–15 MINUTEN
GARZEIT: 3–5 MINUTEN

ZUTATEN

500 g Okraschoten

¼ TL Zitronensaft

1 EL Maisstärke

¼ TL Salz

Öl zum Frittieren

GEWÜRZE

½ TL Garam Masala

¼ TL gemahlene Kurkuma

1 TL Chilipulver

1. Die Okras waschen und gründlich abtrocknen. Der Länge nach zunächst halbieren und dann in Streifen schneiden.

2. Die Okrastreifen zusammen mit dem Zitronensaft, den Gewürzen, der Maisstärke und dem Salz in eine Schüssel geben und alles so lange mit den Händen vermischen, bis die Schoten ganz umhüllt sind. Dann alles 20–25 Minuten ziehen lassen.

3. In einem großen Topf oder einem Wok das Öl erhitzen und darin die Okraschoten portionsweise knusprig und goldbraun frittieren. Mit dem Schaumlöffel herausheben und auf Küchenpapier abtropfen und vollständig abkühlen lassen.

Ghee
SELBST HERSTELLEN

GHEE IST EINE ART VON GEKLÄRTER BUTTER, DIE SO LANGE SANFT KÖCHELT, BIS ALLE FLÜSSIGKEIT VERDAMPFT IST UND DIE FESTEN BESTANDTEILE DER MILCH ZU BRÄUNEN BEGINNEN. DASS GHEE ÜBER EINEN LÄNGEREN ZEITRAUM ERHITZT WIRD, VERLEIHT IHM EINEN INTENSIVEN, NUSSIGEN UND KARAMELLIGEN GESCHMACK UND DUFT. BEI AYURVEDA-ANHÄNGERN IST GHEE WEGEN SEINER GESUNDHEITSFÖRDERNDEN EIGENSCHAFTEN AUCH ALS »FLÜSSIGES GOLD« BEKANNT. DURCH DAS KLÄREN IST ES (NAHEZU) LAKTOSEFREI UND HAT EINEN HOHEN RAUCHPUNKT, WAS ES ZU EINEM IDEALEN BRATFETT MACHT. WER NICHT VON VORNHEREIN DAMIT BRATEN MÖCHTE, KANN DAS FERTIGE GERICHT MIT EIN PAAR TEELÖFFELN GHEE BETRÄUFELN, UM NICHT AUF DEN EINZIGARTIGEN GESCHMACK VERZICHTEN ZU MÜSSEN.

FÜR CA. 360 ML | VORBEREITUNGSZEIT: 5 MINUTEN | GARZEIT: 20–25 MINUTEN

HILFSMITTEL

TOPF MIT SCHWEREM BODEN
FEINES SIEB
MEHRERE KÄSETÜCHER
MESSBECHER
HOLZLÖFFEL

Zerkleinern

1

450 g hochwertige Butter klein würfeln und in den Topf geben.

Tipp **Das beste Ergebnis erzielen Sie mit Bio-Butter.**

Schmelzen

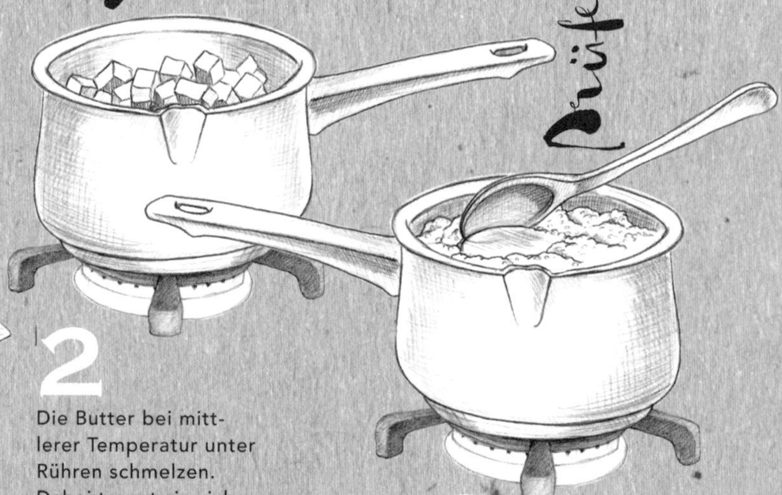

2

Die Butter bei mittlerer Temperatur unter Rühren schmelzen. Dabei trennt sie sich recht schnell in drei Schichten.

Prüfen

3

An der Oberfläche bildet sich Schaum und die festen Bestandteile sinken zum Topfboden. Zwischen diesen beiden Schichten setzt sich die geklärte Butter ab. Zum Überprüfen den Schaum beiseiteschieben.

Köcheln lassen

4

Die Butter kurz aufkochen, dann die Temperatur reduzieren und die Butter 15–20 Minuten köcheln lassen, bis die mittlere Schicht intensiver duftet und einen tieferen Goldton annimmt. Um das zu überprüfen, den Schaum an der Oberfläche erneut beiseiteschieben. Mit einem feinen Sieb oder Löffel den Schaum vollständig entfernen. Übrig bleibt die klare Butter, am Boden haben sich braune, festere Bestandteile abgesetzt. Nun die Temperatur wieder etwas erhöhen und das Ghee noch etwas bräunen lassen. Dann den Herd abschalten und die Butter 1–2 Minuten ruhen lassen.

Filtern

5

Ein sterilisiertes Einmachglas mit einem Käsetuch abdecken und die heiße Butter vorsichtig hineingießen. Im Tuch bleibt nun das gebräunte Milcheiweiß vom Topfboden zurück. Das geklärte Ghee hält sich im Kühlschrank bis zu 6 Monate.

Lagern

KONZENTRIERTE WÜRZPASTEN

BEREITEN SIE DIESE PASTEN STETS DREI BIS VIER TAGE VOR DER VERWENDUNG ZU. FÜLLEN SIE SIE DANN IN EINMACHGLÄSER, GIESSEN SIE ETWAS ÖL DAZU UND LAGERN SIE DIE PASTEN IM KÜHLSCHRANK. SCHON KLEINE MENGEN DIESER WUNDERBAREN WÜRZPASTEN REICHEN, UM DIPS, MARINADEN, DRESSINGS UND REIS ZU WÜRZEN ODER GEHALTVOLLE FLEISCH-, GEMÜSE- ODER PANIRGERICHTE AUFZUPEPPEN.

SAFRAN-KARDAMOM-PASTE

Mit dieser würzigen Paste lässt sich der Aufwand für anspruchsvollere Essen mit Freunden oder der Familie ideal im Voraus reduzieren. Aber auch als Alltagswürze eignet sich die raffinierte Mischung hervorragend.

FÜR CA. 250 ML
VORBEREITUNGSZEIT: CA. 30 MINUTEN
GARZEIT: 12–15 MINUTEN

ZUTATEN

200 g Zwiebeln, klein geschnitten und goldbraun gebraten oder frittiert
3–4 Knoblauchzehen
3 EL Öl
Salz

GEWÜRZE

Samen aus 15 grünen Kardamomkapseln
1 EL weiße Mohnsamen und 2–3 Safranfäden, 15 Minuten in 125 ml heißem Wasser eingeweicht
1 EL Garam Masala

TIPP: Zermahlen Sie die Samen zunächst im Mörser zu feinem Pulver.

1. Alle Zutaten im Mixer zu einer glatten Paste verarbeiten. Falls nötig, etwas Öl angießen.

2. Die Paste in ein dicht schließendes sterilisiertes Einmachglas füllen. So hält sie sich im Kühlschrank 5–6 Tage.

TIPP: Die fertige Paste in einer Pfanne mit schwerem Boden bei mittlerer Temperatur 30 Sekunden anbraten. ¼ TL gemahlene Kurkuma, 2 TL gemahlenen Kreuzkümmel sowie 1 TL rote Chiliflocken einrühren. Anschließend nach Belieben Fleisch, Panir oder Gemüse dazugeben und alles mit 50 ml Wasser aufgießen. Die Mischung abgedeckt köcheln lassen. Mit geraspeltem frischem Ingwer und Crème fraîche oder Kokosmilch abschmecken.

WÜRZIGE TOMATENPASTE

Diese Paste ist der perfekte Allrounder und die Basis fast aller indischen Currys und Reisgerichte, es lohnt sich also, gleich eine größere Menge zuzubereiten. Sie werden nie wieder eine Currypaste im Supermarkt kaufen – diese frische, authentische Tomatenbasis ist nicht zu übertreffen.

FÜR CA. 350 ML
VORBEREITUNGSZEIT: CA. 15 MINUTEN
GARZEIT: CA. 30 MINUTEN

ZUTATEN

200 g Zwiebeln
3–4 Knoblauchzehen
1 Stück frischer Ingwer (2,5 cm), geschält
2–3 frische grüne Chilischoten
3 EL Öl
Salz
200 g Tomaten, klein gewürfelt

GEWÜRZE

3 Lorbeerblätter
Samen aus 3 schwarzen Kardamomkapseln
3 Gewürznelken
1 Stück Kassiarinde oder Zimtstange
2 EL Koriandersamen
1 TL gemahlene Kurkuma

1. Die Zwiebeln, den Knoblauch, den Ingwer und die Chilischoten im Mixer zu einer glatten Paste verarbeiten.

2. In einer Gewürzmühle oder im Mixer die Lorbeerblätter, die Kardamomsamen, die Nelken, Kassiarinde oder Zimt und die Koriandersamen fein mahlen.

3. In einer Pfanne mit schwerem Boden das Öl bei mittlerer Temperatur erhitzen und darin die Zwiebelpaste 5–7 Minuten goldbraun anbraten. Dabei regelmäßig umrühren.

4. Die Temperatur etwas reduzieren, die Kurkuma und etwas Salz dazugeben und alles weitere 30 Sekunden unter Rühren braten.

5. Die Tomaten hinzufügen und die Mischung köcheln lassen, bis die Tomaten zusammenfallen und alle Flüssigkeit verdampft ist. Die Mischung je nach gewünschter Konsistenz erneut im Mixer pürieren.

6. Das Gewürzpulver dazugeben und alles gründlich vermischen.

7. Die Paste in ein dicht verschließbares, sterilisiertes Einmachglas füllen. So hält sie sich im Kühlschrank 5–6 Tage.

TOPPINGS ZUM BESTREUEN UND VERZIEREN

EIN PAAR GANZ GRUNDLEGENDE ZUTATEN, PFIFFIG KOMBINIERT, VERSORGEN DIE MEISTEN GERICHTE MIT DER GEWISSEN EXTRAPORTION GESCHMACK UND DRAMATIK.

KNUSPRIGER INGWER-KNOBLAUCH-ZWIEBEL-MIX

Die Mischung aus gebratenem Knoblauch, Ingwer und süßlichen Zwiebeln peppt Linsen-, Gemüse-, Fleisch- und Reisgerichte auf.

FÜR 4–5 EL
VORBEREITUNGSZEIT: CA. 5 MINUTEN
GARZEIT: 10–20 MINUTEN

ZUTATEN

2–3 EL Öl
2 Zwiebeln, in feine Ringe geschnitten
1 Prise Salz
4 Knoblauchzehen, in dünne Scheiben geschnitten
1 Stück frischer Ingwer (1,25 cm), geschält und fein geraspelt

1. In einer Pfanne bei mittlerer Temperatur das Öl erhitzen und darin die Zwiebeln zusammen mit etwas Salz bei geschlossenem Deckel 2 Minuten anschwitzen.

2. Den Deckel abnehmen und die Temperatur etwas erhöhen. Den Knoblauch und den Ingwer zu den Zwiebeln geben und 5–8 Minuten unter Rühren goldbraun und knusprig braten.

TIPP: Durch das langsame Braten können sich die Aromen besonders gut entfalten.

KOKOS-GRANATAPFELKERN-KORIANDER-TOPPING

Diese Mischung aus nussigen, säuerlichen und frischen Aromen und unterschiedlichen Texturen wertet Salate, Reis und Gemüsegerichte ohne Saucen wirkungsvoll auf.

FÜR 2–3 EL
ZUBEREITUNGSZEIT: CA. 10 MINUTEN

ZUTATEN

100 g Kokosraspel
Kerne von ½ Granatapfel
2 EL gehacktes frisches Koriandergrün

1. In einer beschichteten Pfanne bei niedriger Temperatur die Kokosraspel goldbraun anrösten.

2. In einer Schüssel die gerösteten Kokosraspel, die Granatapfelkerne und das Koriandergrün locker vermischen.

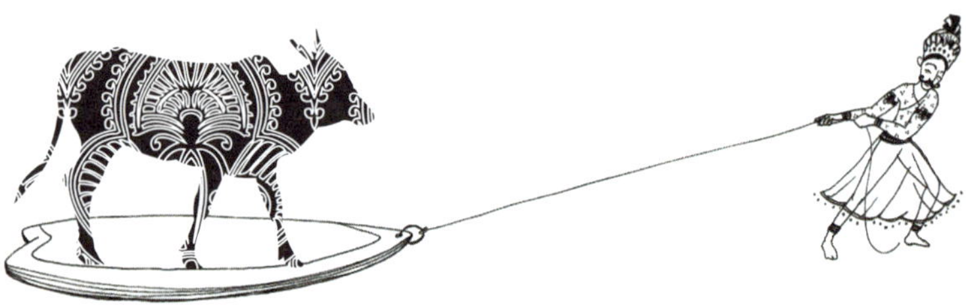

CURRYBLÄTTER, KNOBLAUCH, INGWER UND CHILI

Diese Kombination haucht jedem Gericht auf verblüffende Weise südindisches Flair und Schärfe ein. Verfeinern Sie damit Linsen- oder Dal-Gerichte, Reis und gegrilltes oder gebratenes Gemüse.

FÜR 5–6 EL
ZUBEREITUNGSZEIT: 8–10 MINUTEN
GARZEIT: 2–4 MINUTEN

ZUTATEN

2 EL Öl

8 frische Curryblätter

1 Stück frischer Ingwer (5 cm), geschält und in feine Stifte geschnitten

3–4 Knoblauchzehen, in sehr dünne Scheiben geschnitten

1 große rote oder grüne Chilischote, von Samen befreit (nach Belieben) und in sehr dünne Ringe geschnitten

1. In einer kleinen Pfanne bei mittlerer Temperatur das Öl erhitzen.

2. Zunächst die Curryblätter, anschließend den Ingwer in das Öl geben und kurz anbraten. Dann die Temperatur etwas reduzieren, den Knoblauch und die Chiliringe dazugeben und alles unter Rühren goldbraun und knusprig braten.

NUSS-KÖRNER-MISCHUNG

Diese Mischung sorgt für Biss und ein nussiges Aroma in Rohkostsalaten, Dips, Reis und verschiedenen Desserts.

FÜR 5–6 EL
ZUBEREITUNGSZEIT: CA. 10 MINUTEN
GARZEIT: 4–6 MINUTEN

ZUTATEN

85 g Cashewkerne

85 g Erdnusskerne

1 EL Sonnenblumenkerne

½ EL Sesamsamen

1. Den Backofen auf 160 °C vorheizen.

2. Die Cashewkerne und die Erdnüsse gleichmäßig auf einem Backblech verteilen und im Ofen 3–4 Minuten rösten. Dann die Sonnenblumenkerne und die Sesamsamen dazugeben und alles weitere 1–2 Minuten rösten, dabei gelegentlich schwenken.

3. Die Nuss-Körner-Mischung vollständig auskühlen lassen, dann mit einer Teigrolle oder im Mörser grob zerstoßen.

TIPP: Lassen Sie die Mischung im Ofen nicht aus den Augen – sie brennt sehr schnell an.

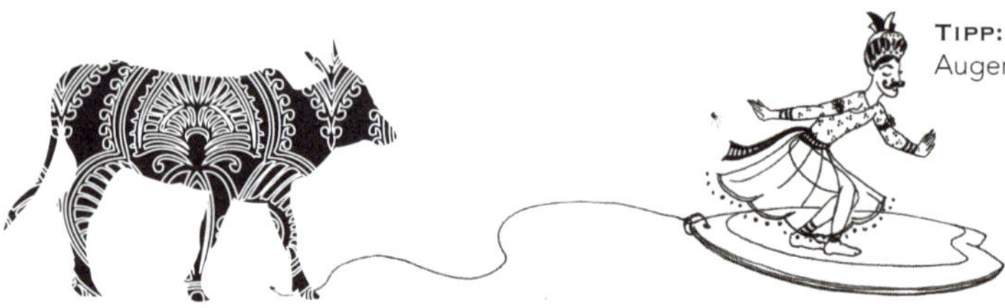

TROCKENE WÜRZMISCHUNGEN

FERTIGE WÜRZMISCHUNGEN SIND EINE PRAKTISCHE SACHE – HIER ZWEI GANZ WUNDERVOLLE, TYPISCH INDISCHE REZEPTE: DAS EINE IST EIN AUF DAS WESENTLICHE REDUZIERTER KLASSIKER FÜR CURRYS UND VIELE ANDERE GERICHTE, DAS ANDERE EINE SPEZIELLERE MIXTUR, DIE IN JOGHURT ODER CRÈME FRAÎCHE GERÜHRT ODER ALS TROCKENMARINADE VERWENDET WERDEN KANN. SIE EIGNET SICH ABER AUCH EINFACH ZUM WÜRZEN AM ENDE DES KOCHVORGANGS.

KORMA MASALA

Eine Würzmischung für besondere Anlässe! In Sahne, Joghurt oder Ghee gerührt, wird sie zur perfekten Marinade für Grillfleisch und -gemüse.

FÜR 2–3 EL
ZUBEREITUNGSZEIT: 5–8 MINUTEN

GEWÜRZE

8 große getrocknete Chilischoten, bei niedriger Temperatur trocken in der Pfanne geröstet
Samen von 8 grünen Kardamomkapseln
2 Zimtstangen
1 TL gemahlene Kurkuma
6 Gewürznelken
1 TL gemahlener Ingwer
3 Safranfäden

TIPP: Mahlen Sie die Kardamomsamen vor der Weiterverarbeitung zunächst separat im Mörser zu feinem Pulver.

Alle Zutaten in einen Mörser geben und gründlich zu feinem Pulver zerstoßen.

EINFACHES GARAM MASALA

Garam Masala ist die charakteristische Würzmischung für fast alle indischen Gerichte. Dies ist eine einfache, aber wirkungsvolle Version für Einsteiger. Mit etwas Übung können Sie weitere Gewürze hinzufügen, die Sie vor dem Mahlen auch im Ofen trocken rösten können.

FÜR 2 EL
ZUBEREITUNGSZEIT: 5–8 MINUTEN

GEWÜRZE

1 TL schwarze Pfefferkörner
1 TL Gewürznelken
1 Stück Kassiarinde oder Zimtstange (5 cm)
Samen von 2 grünen Kardamomkapseln
Samen von 2–3 schwarzen Kardamomkapseln
1 TL Kreuzkümmelsamen

TIPP: Mahlen Sie die Kardamomsamen vor der Weiterverarbeitung zunächst separat im Mörser zu feinem Pulver.

Alle Zutaten in einen Mörser geben und sorgfältig zu einem feinen Pulver zermahlen. Dieses in ein dicht verschließbares Einmachglas füllen. So hält es sich bis zu 1 Monat.

MARINADEN

MIT MARINADEN KANN MAN FLEISCH, FISCH, PANIR UND GEMÜSE FAST ALLER ART AUF EINFACHE, ABER WIRKUNGSVOLLE WEISE WÜRZE UND GESCHMACK VERLEIHEN. OBENDREIN SORGEN SIE DAFÜR, DASS FLEISCH UND FISCH WÄHREND DER ZUBEREITUNG SCHÖN ZART WERDEN ODER BLEIBEN. DIE GEWÜNSCHTE MENGE FLEISCH, FISCH ODER GEMÜSE EINFACH IN EIN FLACHES, NICHT-METALLISCHES GEFÄSS LEGEN, MIT DER MARINADE BEDECKEN UND RUHEN LASSEN, DAMIT SICH DIE AROMEN VOLL ENTFALTEN KÖNNEN.

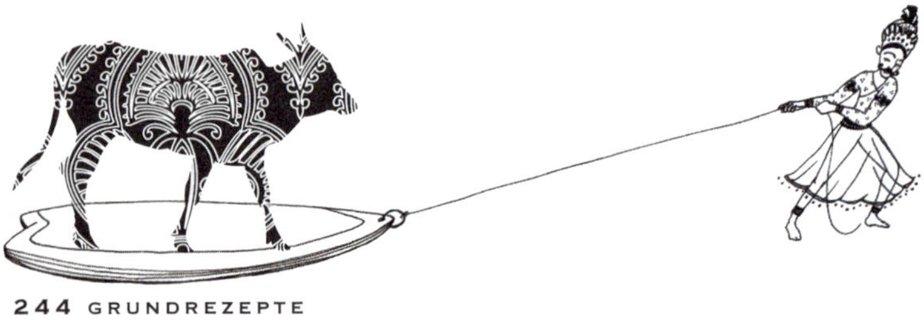

TIKKA-MASALA-MARINADE

FÜR HÜHNCHEN, LAMMFLEISCH, PANIR UND GEMÜSE

Diese reichhaltige, aromatische und dennoch milde Marinade macht sich besonders gut in Kombination mit Brat- und Grillhühnchen, Fisch, Auberginen, Kartoffeln und Blumenkohl.

FÜR 4 PORTIONEN
ZUBEREITUNGSZEIT: 20 MINUTEN

ZUTATEN

340 g vollfetter Joghurt, bevorzugt griechischer
1 Stück frischer Ingwer (5 cm), geschält
3 Knoblauchzehen
1 frische grüne Chilischote
½ EL heller Essig oder Zitronensaft
½ TL Salz
1 Eiweiß
1 EL Öl

GEWÜRZE

½ TL Ajowan
2–3 Safranfäden
½ TL Tandoori Masala
½ TL Chilipulver
1 TL Garam Masala **(siehe S. 242)**

1. Den Joghurt in eine große Schüssel geben.

2. Den Ingwer, den Knoblauch und die Chilischote im Mixer zu einer glatten Paste verarbeiten. Diese zusammen mit allen Gewürzen, dem Essig oder Zitronensaft und dem Salz gründlich mit dem Joghurt verrühren. Unmittelbar vor der Verwendung noch das Eiweiß und das Öl untermischen.

TIPP: Mit Tikka-Masala-Marinade vorbereitetes Fleisch während des Bratens mehrmals mit geschmolzenem Ghee bepinseln.

WÜRZIGE KOKOS-RAHM-MARINADE

FÜR FISCH, HÜHNCHEN UND GEMÜSE

Diese Marinade passt am besten zu Lachssteaks, ganzen Hühnchen oder Baby-Auberginen, halbiert und gebraten. Reste des so zubereiteten Essens klein schneiden, mit hochwertiger Mayonnaise oder etwas Öl vermischen, mit dem Saft von 1 Limette oder Zitrone beträufeln, mit fein gehackten Frühlingszwiebeln und Koriandergrün bestreuen und mit grob gemahlenem schwarzem Pfeffer und Meersalz abschmecken – fertig ist der Sandwichbelag für den nächsten Tag.

FÜR 2–3 PORTIONEN
ZUBEREITUNGSZEIT: 10–15 MINUTEN

ZUTATEN

1½ Knoblauchzehen
¼ TL Salz
1½ EL Kokosmilchpulver
1½ EL Öl
2 EL Crème fraîche

GEWÜRZE

½ TL Garam Masala
¼ TL gemahlene Kurkuma
1 TL Chilipulver
¼ TL gemahlener schwarzer Pfeffer
¼ TL gemahlener Kreuzkümmel

1. Den Knoblauch und das Salz im Mörser zu einer groben Paste verarbeiten. Alle Gewürze sowie das Kokosmilchpulver dazugeben und alles zerstoßen und vermischen.

2. Nach und nach das Öl dazugießen und gründlich untermischen, bis eine dicke Paste entstanden ist.

3. Zuletzt die Paste mit der Crème fraîche verrühren. Dann die Marinade sofort verwenden. Zur Verwendung zu einem späteren Zeitpunkt die Paste separat in ein dicht schließendes Einmachglas füllen. So hält sie sich im Kühlschrank bis zu 2 Tage. Kurz vor der Verwendung dann die Crème fraîche unterrühren.

MARINADE MIT MINZE, KORIANDER, INGWER UND ZITRONE

FÜR HÜHNCHEN UND KARTOFFELN

Reiben Sie ein ganzes Hühnchen oder Hühnchenteile großzügig mit dieser Marinade ein und lassen Sie das Fleisch dann abgedeckt 2–3 Stunden ziehen. Noch reichhaltiger und cremiger wird die Marinade durch die Zugabe von 2 EL Crème fraîche oder Naturjoghurt.

FÜR 4 PORTIONEN
ZUBEREITUNGSZEIT: 20 MINUTEN

ZUTATEN

½ Bund frisches Koriandergrün
10–12 Blättchen frische Minze
1 Stück frischer Ingwer (4 cm), geschält
3 Knoblauchzehen
abgeriebene Schale und Saft von ½ unbehandelten Zitrone
1½ frische grüne Chilischoten
1 TL Salz
1 EL Öl

1. Alle Zutaten bis auf das Öl in einem Mixer zu einer glatten Mischung verarbeiten. Dabei nach und nach das Öl dazugießen, bis eine weiche Paste entstanden ist.

2. Die Marinade in ein dicht schließendes Einmachglas füllen. So hält sie sich im Kühlschrank bis zu 2 Tage.

SCHARF-WÜRZIGE KOKOS-TAMARINDEN-MARINADE

FÜR FISCH UND MEERESFRÜCHTE

Perfekt, um ganze Fische damit zu marinieren! Schwitzen Sie dann klein geschnittene Zwiebeln, Knoblauchzehen und Ingwer an, geben Sie den Fisch samt Marinade dazu und braten Sie ihn schön durch. Oder braten oder grillen Sie den Fisch mit Zitronenspalten.

FÜR 4–6 PORTIONEN
ZUBEREITUNGSZEIT:
15 MINUTEN

ZUTATEN

5 EL Tamarindenmark
½ TL Salz
3 EL Kokosmilchpulver
240 g Kokosmilch

GEWÜRZE

5 getrocknete rote Chilischoten
2 EL gemahlene Koriandersamen
1 EL Garam Masala
1½ TL gemahlene Kurkuma

1. Die getrockneten Chilischoten zusammen mit 1–2 EL heißem Wasser im Mörser zu einer groben Paste verarbeiten.

2. Die Chilipaste mit dem Tamarindenmark, dem Koriander, dem Garam Masala, der Kurkuma und dem Salz vermischen. Das Kokosmilchpulver und die Kokosmilch dazugeben und alles sorgfältig verrühren.

3. Die Marinade in ein dicht schließendes Einmachglas füllen. So hält sie sich im Kühlschrank bis zu 2 Tage.

TAMARINDEN-INGWER-CHILI-MARINADE

FÜR FISCH, MEERESFRÜCHTE UND FLEISCH

Reiben Sie Fisch oder Fleisch Ihrer Wahl rundherum mit dieser säuerlich-aromatischen Marinade ein und lassen Sie das Ganze mehrere Stunden abgedeckt ruhen. Dünnflüssiger wird die Marinade, wenn Sie zusätzlich 4–5 EL Kokosmilch einrühren, eine große Prise Zucker macht sie milder.

FÜR 4 PORTIONEN
ZUBEREITUNGSZEIT:
35 MINUTEN

ZUTATEN

1 großes Stück frischer Ingwer (10 cm), geschält und grob gehackt
2–3 rote Chilischoten, grob gehackt
2 EL Tamarindenmark

GEWÜRZE

2 TL Koriandersamen
1 TL Senfsamen
1 TL Salz
1 EL Öl

1. In einer beschichteten Pfanne bei niedriger Temperatur die Koriander- und die Senfsamen 30–40 Sekunden unter Schwenken rösten. Abkühlen lassen und dann im Mörser zu Pulver zermahlen.

2. Im Mörser oder Mixer den Ingwer, die Chilischoten und 2 TL heißes Wasser zu einer glatten Masse verarbeiten. Das Tamarindenmark, die gerösteten Gewürze, das Salz und das Öl dazugeben und gründlich verrühren.

3. Die Marinade in ein dicht schließendes Einmachglas füllen. So hält sie sich im Kühlschrank bis zu 2 Tage.

GEWÜRZTER JOGHURT

Diese Marinade eignet sich hervorragend für Hühnchenstücke sowie Rinder- und Lammsteaks. Oder rühren Sie sie als Dressing unter gemischtes Gemüse. Sollte von einem der Gerichte einmal etwas übrig bleiben, können Sie die Reste klein geschnitten als Salatzutat oder Brotbelag verwenden.

FÜR 4 PORTIONEN
ZUBEREITUNGSZEIT:
20 MINUTEN

ZUTATEN

500 g Naturjoghurt
2 Knoblauchzehen, fein zerdrückt
1 Stück frischer Ingwer (2,5 cm), geschält und fein gerieben
3 EL Öl
Salz

GEWÜRZE

1 EL Garam Masala
¼ TL gemahlene Kurkuma
grob gemahlener schwarzer Pfeffer

1. Alle Zutaten und Gewürze gründlich miteinander verrühren und die Mischung mit Salz und grob gemahlenem schwarzem Pfeffer abschmecken.

2. Die Marinade in ein dicht schließendes Einmachglas füllen. So hält sie sich im Kühlschrank 1–2 Tage.

TIPP: Bestreichen Sie mit dieser Joghurtmarinade vorbereitetes Fleisch während des Bratens mehrmals mit flüssigem Ghee.

GEWÜRZSÄCKCHEN

SO AROMATISCH UND WIRKUNGSVOLL GANZE GEWÜRZE AUCH SIND, AUS VERSEHEN DARAUF BEISSEN MÖCHTEN DIE WENIGSTEN MENSCHEN. KLEINE SÄCKCHEN AUS MUSSELIN VERHINDERN DIES, OHNE DAS AROMA DER GEWÜRZE ZU BEEINTRÄCHTIGEN. SCHNEIDEN SIE EIN STÜCK MUSSELIN IN MITTELGROSSE QUADRATE UND BREITEN SIE DIESE AUF DER ARBEITSFLÄCHE AUS. GEBEN SIE DIE GEWÜRZE JEWEILS IN DIE MITTE, NEHMEN SIE DIE VIER ECKEN DES TUCHS AUF, FÜHREN SIE DIESE ÜBER DEN GEWÜRZEN ZUSAMMEN UND BINDEN SIE DAS SÄCKEN MIT KÜCHENGARN FEST ZU. ACHTEN SIE DABEI DARAUF, DASS KEINE LÖCHER ENTSTEHEN. DIE SÄCKCHEN EIGNEN SICH ZUM WÜRZEN VON REIS, BRÜHEN, SUPPEN UND DEN MEISTEN GERICHTEN AUF SAUCENBASIS.
TIPP: ERGÄNZEN SIE DIE GEWÜRZMISCHUNG DURCH ZITRONEN-, LIMETTEN- ODER ORANGENSCHALE.

ACHT-GEWÜRZE-SÄCKCHEN

4–5 schwarze Pfefferkörner
1 Lorbeerblatt
2–3 Gewürznelken
2–3 grüne Kardamomkapseln, leicht zerstoßen
1 schwarze Kardamomkapsel, leicht zerstoßen
2 ganze Macis (Muskatblüten)
1 kleiner Sternanis
1 Stück Zimtstange (2,5 cm)

FÜNF-GEWÜRZE-SÄCKCHEN

4 kleine grüne Kardamomkapseln, leicht zerstoßen
1 TL Fenchelsamen
4 Gewürznelken
1 Stück Zimtstange (5 cm)
¼ TL schwarze Pfefferkörner

DREI-GEWÜRZE-SÄCKCHEN

1 Stück Kassiarinde oder Zimtstange (2,5 cm)
2 Lorbeerblätter
1 TL Fenchelsamen

VIER-GEWÜRZE-SÄCKCHEN

2 Gewürznelken
1 schwarze oder 3 kleine grüne Kardamomkapseln, leicht zerstoßen
1 Stück Kassiarinde oder Zimtstange (5 cm)
1 Lorbeerblatt

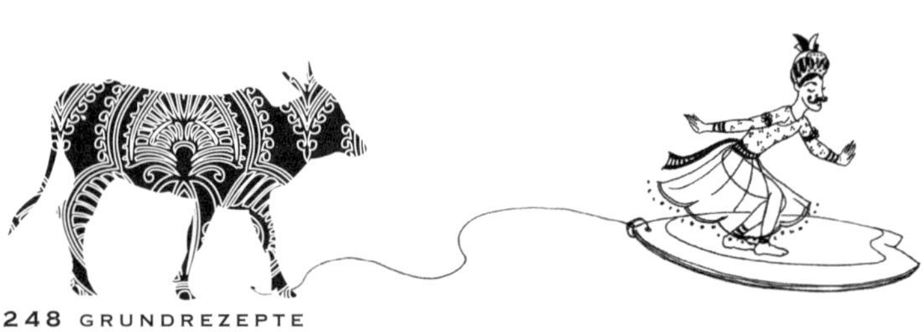

BUTTERTEIG

DER TRADITIONELLE TEIG NORDINDIENS FÜR GEBÄCK ALLER ART IST FLOCKIG, BUTTRIG UND AROMATISCH UND BASIS DER MEISTEN INDISCHEN STRASSENSNACKS. RESTE KÖNNEN SIE HAUCHDÜNN AUSROLLEN, IN STREIFEN ODER BELIEBIGE ANDERE FORMEN SCHNEIDEN, MIT VERSCHIEDENEN SAMEN (ETWA SESAMSAMEN, KÜMMEL, SCHWARZKÜMMEL ODER SCHWARZEM MOHN) BESTREUEN UND PORTIONSWEISE FRITTIEREN. DANN NUR NOCH ABTROPFEN LASSEN UND MIT EINEM MIX AUS CHILIPULVER, MEERSALZ UND ZUCKER ZU GLEICHEN TEILEN WÜRZEN – FERTIG. ODER GEBEN SIE DIE SESAMSAMEN SCHON VOR DEM VERKNETEN IN DEN TEIG.

FÜR 20–25 SAMOSAS ODER TEIGTASCHEN | ZUBEREITUNGSZEIT: 20 MINUTEN

ZUTATEN

500 g Mehl, gesiebt
1 großzügige Prise Salz
200 g zerlassene Butter
1½ TL Zitronensaft

1. Das Mehl und das Salz in eine große Schüssel geben. Die Butter und den Zitronensaft hinzufügen und alles mit den Händen zunächst zu einer streuseligen Mischung verarbeiten.

2. Den Teig nun zu einem Ballen zusammenfassen und dann zu einem glatten, geschmeidigen Teig kneten, dabei nach Bedarf zusätzlich etwas warmes Wasser einarbeiten. Den gekneteten Teig mit einem feuchten Tuch abdecken und vor der Verarbeitung 20 Minuten ruhen lassen.

MENÜ-VORSCHLÄGE

SPÄTES FRÜHSTÜCK UND BRUNCH: sahnige Erbsen-Pilz-Pfanne (S. 64), Masala-Rührei (S. 70), Kichererbsenpfannkuchen mit Karotten (S. 26), Fisch-Kedgeree mit grünen Bohnen und Spinat (S. 22), Gewürzkaffee (S. 218)

MITTAGESSEN SONNTAGS: Garnelen mit Knoblauch, Ingwer und Chili (S. 38), Zitronen-Safran-Hühnchen (S. 102), indischer Kartoffelbrei (S. 156), gegrillte Auberginen mit Chili-Granatapfel-Dressing (S. 86), Fruchtsalat mit ganzen Gewürzen (S. 206)

NACHMITTAGS: Samosas mit Spinat und Panir (S. 52), Nargisi Kofta (S. 70), Tomatenrelish mit Datteln und Tamarinde (S. 176), Mandel-Safran-Kuchen (S. 202), Masala Chai (S. 212)

ABENDESSEN MIT DER FAMILIE WOCHENTAGS: Hühnchen-Pulao (S. 152), frische Tomaten mit Curryblättern (S. 88), Grünkohlsalat mit Kichererbsen, Minze und eingelegter Zitrone (S. 162), Joghurt mit Karotte, Gurke und Koriandergrün (S. 196), heiße Schokolade mit Chili (S. 216, bei den Kinderportionen nach Belieben Chili weglassen)

VEGETARISCHES MENÜ: Tarka Dal mit Spinat und frischen Tomaten (S. 60), gebratene Schalotten mit Tamarinde und gerösteter Kokosnuss (S. 62), Rohkostsalat mit Gewürzdressing (S. 160), einfacher Reis ohne alles (S. 134), gebratene Auberginen aus Südindien (S. 184)

MENÜ FÜR KINDER: Paratha-Wraps mit Gemüse (S. 28), pikantes Eibrot (S. 70), Hühnchen-Tikka-Wraps (S. 48), scharfe Süßkartoffelspalten (S. 156), Pistazien-Kulfi (S. 200), den Schärfegrad durch Reduzieren oder Weglassen von Chili anpassen!

LEICHTES SOMMERMENÜ: Gebackener Lachs mit Kokosrahm (S. 104), gedünstete grüne Bohnen in Tomaten-Senf-Dressing (S. 74), Avocado-Mais-Salat mit Chili und Koriandergrün (S. 166), frische herb-süße Limonade (S. 222), Granatapfel-Granita (S. 208)

PARTYSNACKS: Tintenfisch mit Schalotten, Ingwer und Chili (S. 92), Hühnchenspieße mit Sesam und Ingwer (S. 40), Fischnuggets (S. 34), Filostangen mit Panir und Paprika (S. 44), süße Fadennudeln mit Honig und Rosinen (S. 210)

REGISTER

DANKSAGUNG

Zunächst möchte ich Catie Ziller danken – nicht nur dafür, dass sie mich beauftragte, dieses Buch zu schreiben, sondern auch dafür, dass sie an meine Prinzipien und Vorstellungen geglaubt hat. Ich hoffe, dass dieses Projekt nicht nur das Interesse an der Zubereitung traditioneller Klassiker mit indischen Gewürzen weckt, sondern die Leser auch dazu inspiriert und ermuntert, diese Gewürze weiterhin zu verwenden und sie entspannter und erfindungsreicher einzusetzen.

Vom Anfang bis zum Schluss war ich begeistert, mit dem perfektesten und engagiertesten »Dream-Team«, das ich mir nur wünschen kann, zusammenarbeiten zu können. Es war überwältigend zu sehen, wie meine Gedanken zum Leben erweckt wurden.

Danke, Lisa, denn deine nicht zu bremsende Energie ist ansteckend. Du warst mit unendlicher Leidenschaft bei der Sache und es war erhebend, dir zuzusehen – die Bilder sind einfach grandios.

Aya, dir danke ich dafür, dass du immer so cool, ruhig und konzentriert warst. Dein frisches und natürliches Herangehen hat wirklich jedem Gericht das Podium gegeben, das es verdient.

Ich danke Rashna, dem Rückgrat des *Einfach-indisch!*-Teams, für die Gestaltung jeder einzelnen Seite durch dein elegantes, wunderschönes Design und deine Vorstellungskraft – es war so inspirierend.

Alice Chadwick, deine feinen Zeichnungen sind das gewisse Etwas dieses Buchs, der rote Faden, der alles zusammenhält und ihm einen zauberhaften Charme verleiht.

Entzückende Kathy, danke für deine Geduld und Unterstützung während des Lektorats. Es war beruhigend zu wissen, dass du da bist.

Ich danke meinen zwei fantastischen Mädchen, Amaya Lila und Zita Rose, die so geduldig und liebevoll waren und stets der Meinung sind, dass ich alles kann. Ich liebe euch! Ein besonders großes und inniges Dankeschön auch an meine Familie und meine Freunde, die mir auf dieser langen Reise eine echte Stütze und hilfreiche Ratgeber waren – ich werde euch auf ewig dankbar sein.

Schließlich möchte ich ganz besonders und von ganzem Herzen meinen Eltern, Harbhajan Singh Uppal und Sukhbinder Kaur Uppal, danken, denn ohne sie wüsste ich gar nichts. Meiner Mutter danke ich insbesondere für die Einweisung in die nordindische Küche und meinem Vater dafür, dass er mich mit seiner extravaganten, einzigartigen und innovativen Version der »Gewürzbox« und ihrer Anwendung stetig inspiriert. All die endlosen Dinnerpartys und Küchenexperimente haben sich bezahlt gemacht. Euer beider Beitrag ist wahrlich unschätzbar.

AMANDIP UPPAL

Amandip lernte bereits im Alter von sieben Jahren kochen – von ihrer Mutter, die mit ihr traditionelle nordindische Gerichte zubereitete, und von ihrem Vater, einem talentierten, einfallsreichen Koch, der angstfrei und schier hemmungslos Aromen und Techniken kombiniert. Er brachte ihr bei zu experimentieren und sich nicht zu sehr davon ablenken zu lassen, Dinge aufzuschreiben, sondern ihren Augen und ihrer Nase zu vertrauen.

Die frühere Stylistin und Autorin Amandip Uppal war lange Jahre bei Zeitung und Magazin der *Times* beschäftigt, später arbeitete sie als stellvertretende Chefredakteurin in der Modeabteilung von *Condé Nast Traveller*. Ihr lebenslanges Interesse an Kochen und Design veranlasste sie, die »Lotus Food and Events Company« zu gründen, in der sie außergewöhnliche Events mit ihrer Liebe zum Essen kombiniert.

All ihre Erfahrung und Leidenschaft für die Bereiche Lifestyle, Design und Ernährung fließen in »CHC – Chilli Hot Chocolate«, einen Onlineshop rund ums Kochen und Essen ein, der ihre Visionen und Kreativität eindrucksvoll veranschaulicht.

Titel der Originalausgabe: *Mon premier livre de cuisine indienne*
Erschienen bei Marabout, ein Imprint von Hachette Livre, Vanves Cedex 2016

Verlagsleitung: Catie Ziller
Autorin: Amandip Uppal
Art Direction und Design: Rashna Mody Clark
Assistant Artdirector: Anna Wiewiora
Illustrationen: Alice Chadwick
Tier/Muster-Illustrationen: Paola Guardiani
Fotografie: Lisa Linder
Food Stylistin: Aya Nishimura
Lektorat der Originalausgabe: Kathy Steer

Deutsche Erstausgabe

Ein Unternehmen der La Martinière Groupe

Umschlagadaption: Leonore Höfer, Knesebeck Verlag
Satz: satz & repro Grieb, München
Lektorat: Gundula Müller-Wallraf, München
Printed in China

ISBN 978-3-86873-960-2

www.knesebeck-verlag.de

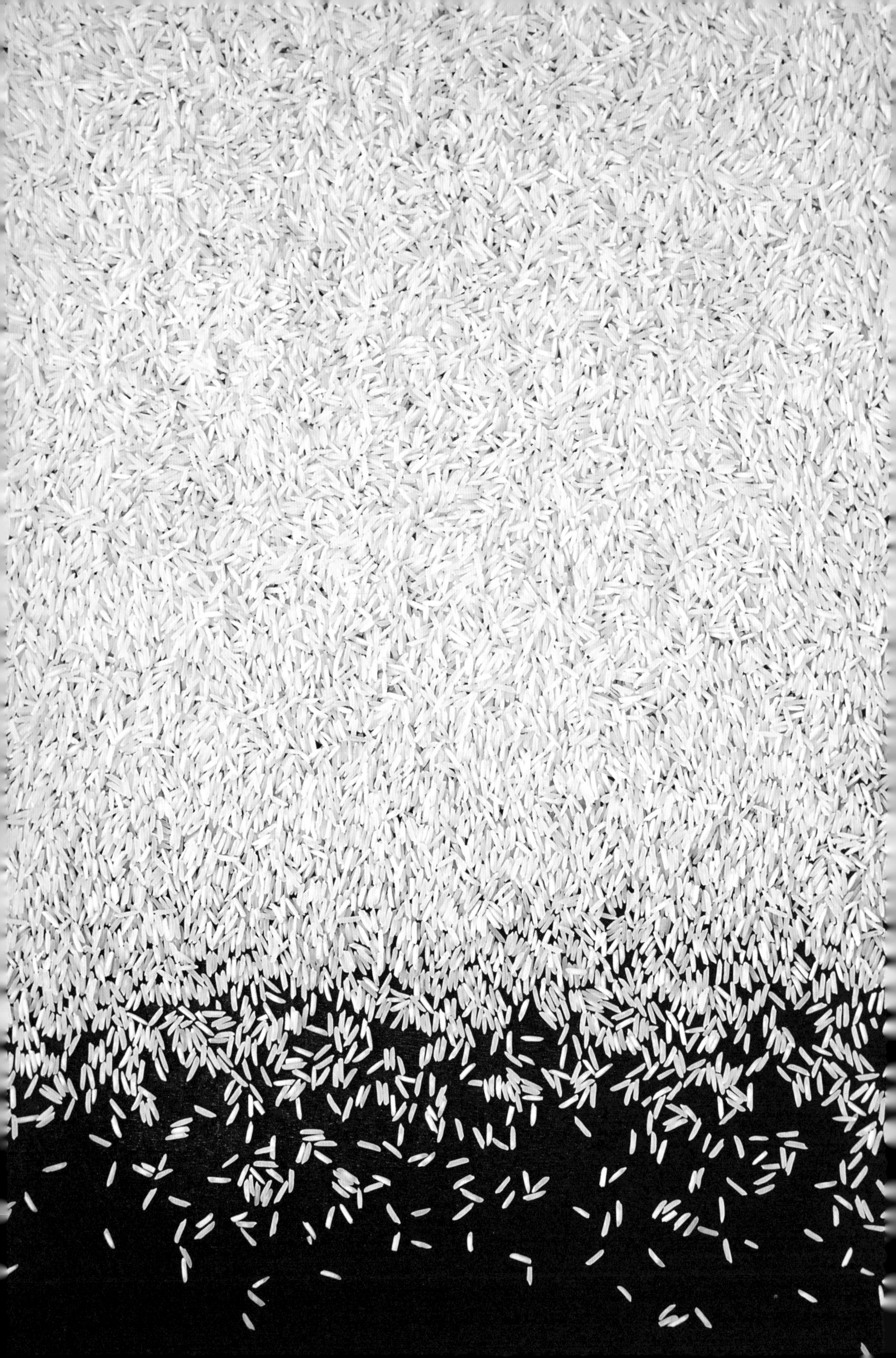